SOBRE ÉTICA E IMPRENSA

EUGÊNIO BUCCI

SOBRE ÉTICA E IMPRENSA

1ª reimpressão

COMPANHIA DAS LETRAS

Capa:
Raul Loureiro

Índice remissivo:
Maria Claudia Carvalho Mattos

Preparação:
Márcia Copola

Revisão:
Isabel Jorge Cury
Beatriz de Freitas Moreira

Dados Internacionais de Catalogação na Publicação (CIP)
(Câmara Brasileira do Livro, SP, Brasil)

Bucci, Eugênio
Sobre ética e imprensa / Eugênio Bucci. — São Paulo : Companhia das Letras, 2000.

ISBN 85-359-0056-X

1. Ética jornalística 2. Imprensa 3. Jornalismo I. Título.

00-3921 CDD-174.9097

Índice para catálogo sistemático:
1. Ética jornalística 174.9097

2002

EDITORA SCHWARCZ LTDA.
Rua Bandeira Paulista, 702, cj. 32
04532-002 — São Paulo — SP
Telefone: (11) 3167-0801
Fax: (11) 3167-0814
www.companhiadasletras.com.br

Para Celso Nucci Filho

AGRADECIMENTOS

A André Singer, Ricardo Setti, Humberto Werneck e Maria Paula Dallari Bucci pela atenta leitura dos originais e pelas correções que fizeram. A Bernardo Kucinski, que me deu preciosas sugestões de temas a serem abordados. A Fernando Haddad e Maria Rita Kehl, meus interlocutores de todo dia.

Entre janeiro e junho de 2000, estive licenciado de minhas funções na Editora Abril para redigir um trabalho acadêmico. Terminado o trabalho, dediquei-me a este livro, que foi escrito entre meados de maio e o final de junho. Agradeço a Thomaz Souto Corrêa, que me concedeu a licença.

ÍNDICE

Introdução

O SANGUE AZUL, A DEONTOLOGIA E O DIREITO À INFORMAÇÃO

Ética ou etiqueta? Às vezes, o debate em torno do comportamento da imprensa parece se reduzir a um receituário de boas maneiras. Uma confraternização de gala. Basta que não se profiram palavrões, que os profissionais se movimentem como cavalheiros e damas da corte, que não se ofendam os interlocutores e que a privacidade dos convivas seja mantida na mais sagrada inviolabilidade. Trajes que não ultrajem, discursos que não desdourem, abordagens que não transbordem no assédio. Como nos saraus literários da Paris do início do século XIX, a coreografia das finezas suplanta a selvageria do mundo, e, asseguradas as reverências formais, observado o tom de voz entre o melífluo e o discreto, a verdade dará o ar de sua graça. Triunfará pela elegância, pela arte e pela ilustração. O jornalismo terá garantido o seu posto de honra e nobreza. Quanto ao público, que lhe sejam servidas as mesuras — educativas, formativas e tranqüilizadoras. A imprensa saudável é o império da boa educação.

A etiqueta é a pequena ética pela qual se estrutura a gramática dos cerimoniais. Ela pacifica, erguendo-se pelos gestos que representam, ritualizam e reafirmam as relações sociais e de poder: para o rei, os súditos se curvam; do bispo, beija-se o anel; os talheres, sempre de fora para dentro. A etiqueta cria um balé de sorrisos e saudações que celebram a autoridade posta, traduzindo-se numa singular estética da conduta; extrai sua beleza dos meneios em glória da hierarquia e do silêncio sobre o que se esconde nas alcovas. Ela não se pergunta do poder. Ela não inquire — nem deixa inquirir. Não por acaso, a etiqueta era o orgasmo social da aristocracia. Era a reiteração de uma ordem que havia nascido para ser eterna, bem acomodada e imutável. Condes, duques e princesas eram finos.

Quando, nas guilhotinas francesas, suas cabeças começaram a despencar pelos cadafalsos sob o jorro do sangue azul, a plebe, que não tinha nem pão, nem dentes, nem bons modos, batia palmas e gritava insultos aos cadáveres decapitados. No final do século XVIII, a velha ordem era degolada, e outra nascia, não mais baseada na finura dos tratos, mas nos direitos dos novos cidadãos incultos. Era o terror. Onde a etiqueta silenciava, a ética lançava perguntas que penetravam como lâmina o pescoço dos monarcas. Indagava sobre a justiça, sobre a verdade histórica, sobre a dominação e sobre a liberdade. A imprensa é fruto das revoluções que forjaram a democracia moderna. Nos Estados Unidos, a Constituição, firmada na Convenção Federal de 1787, receberia sua primeira emenda em 1791, assegurando liberdade ao jornalismo: "O Congresso não legislará no sentido de estabelecer uma religião; ou proibindo o livre exercício dos cultos; ou cerceando a liberdade de palavra, ou de imprensa, ou o direito do povo de se reunir pacificamente, e de dirigir ao governo petições para a reparação de seus agravos". No limiar das democracias modernas, ganhou corpo, legitimidade e lugar social o espírito que ainda hoje anima a imprensa. O jornalismo como o conhecemos, isto é, o jornalismo como instituição da cidadania, e como as democracias procuram preservá-lo, é uma vitória da ética, que buscava o bem comum para todos, que almejava a emancipação que pretendia construir a cidadania, que acreditava na verdade e nas leis justas — uma vitória contra a etiqueta.

Hoje, quando se cobram bons modos dos jornalistas, é preciso separar bem dois tipos de exigência. O primeiro é aquele que reclama um limite para o poder dos meios de comunicação. É uma cobrança legítima. Adquirindo um vasto poder sobre a sociedade, os meios de comunicação fizeram de seus proprietários e de seus funcionários figuras arrogantes, que se julgam acima de qualquer limite quando se trata de garantir seus interesses e de se divertir com seus caprichos. Exigir que ajam com responsabilidade social e com consciência, que não abusem do poder de que estão investidos, que não se valham dele para destruir reputações e para deformar as instituições democráticas é exigir que o espírito que se encontra na origem do jornalismo não seja corrompido. Os meios de comunicação se edificam como o novo palácio da aristocracia — por isso, mais do que antes, devem ser regidos por uma ética que preserve, acima de tudo, os direitos do cidadão. O segundo tipo de exigência é inepto: pretende apenas resguardar as aparências das boas maneiras. Cultivar a idéia de que os bons modos — e as boas consciências — resolvem por si os impasses que se apresentam é ajudar a tecer a cumplicidade entre o jornalismo e o poder, é reduzir os graves problemas da ética jornalística e dos meios de comunicação a uma questão de etiqueta. Os representantes da mídia devem, sim, ser bem-educados, e muito bem-educados (em todos os sentidos), mas não mais em relação aos poderosos e aos saraus cibernéticos que eles organizam. Devem sê-lo em relação ao público.

CONFLITO E CONVIVÊNCIA

O jornalismo é conflito, e quando não há conflito no jornalismo, um alarme deve soar. Aliás, a ética só existe porque a comunicação social é lugar de conflito. Onde a etiqueta cala, a ética pergunta. De que adiantam equipes de repórteres de fino trato se o dono da rede de televisão põe a emissora a serviço de seu candidato a presidente da República, distorcendo os fatos? Para que serve tanto cuidado na hora de investigar a privacidade de um senador, se não há o mínimo respeito para com os desempregados que, detidos como suspeitos por um delegado na periferia, são interrogados diante das câmeras como se fossem autores de crimes hediondos? Como pode a imprensa fiscalizar o poder — um de seus deveres supremos — se ela se converteu num negócio transnacional, oligopolizado em conglomerados da mídia que trafica influência junto aos governos para conseguir mais concessões de canais e mais facilidades de financiamentos públicos? Onde está a independência do jornalismo?

A ética jornalística não se resume a uma normatização do comportamento de repórteres e editores; encarna valores que só fazem sentido se forem seguidos tanto por empregados da mídia como por empregadores — e se tiverem como seus vigilantes os cidadãos do público. A liberdade de imprensa é um princípio inegociável, ele existe para beneficiar a sociedade democrática em sua dimensão civil e pública, não como prerrogativa de negócios sem limites na área da mídia e das telecomunicações, em dimensões nacionais e transnacionais. É nessa perspectiva que este livro foi escrito. Ele se afasta dos debates estritamente teleológicos e deontológicos que costumam circunscrever o tema. Não que não tenham validade. Eles têm validade, mas pressupõem uma ordenação da democracia que assegure a pluralidade e a diversidade de veículos no espaço público, de forma que tanto os debates políticos — pela multiplicidade de vozes e de pontos de vista pelos quais os fatos são reportados — como o regime de concorrência de mercado — pela multiplicidade de competidores econômicos — possam se dar de um modo minimamente não viciado. Isso significa que, no projeto da democracia, a imprensa deve informar a todos sem privilegiar os mais abastados, e também dar voz às diversas correntes de opinião.

Na sociedade americana, por exemplo, autores como Philip Meyer, professor de jornalismo da University of Chapel Hill da Carolina do Norte, que escreveu *A ética no jornalismo*,[1] e Edmund B. Lambeth, professor da University of Missouri

School of Journalism, que publicou *Committed journalism — An ethic for the profession*,[2] propõem abordagens dos dilemas da profissão sem precisar se preocupar com a verificação das premissas institucionais que garantem o exercício da imprensa livre nos meios de comunicação de massa. Como será exposto no quarto capítulo deste livro, nos Estados Unidos, a Comissão Federal de Comunicações (FCC) regula o setor de modo a cercear a concentração de propriedade de veículos de uma só corporação num único território, procurando preservar a diversidade. Mais que uma formalidade jurídica, trata-se de um princípio amplamente cultivado pela vida política norte-americana.

É verdade que tem se observado, lá como no resto do mundo, uma inequívoca tendência de monopolização da mídia. O crítico de mídia americano Ben H. Bagdikian, que já foi diretor adjunto do *The Washington Post* e diretor da Escola de Jornalismo da Universidade da Califórnia em Berkeley, é um dos que chamam atenção para o fenômeno. Em *O monopólio da mídia*, ele apresenta dados que falam por si:

> Os Estados Unidos dispõem de um conjunto impressionante de meios de comunicação de massa: 1700 jornais diários, onze mil revistas, nove mil estações de rádio, mil estações de TV, 2500 editoras de livros e sete mil estúdios de cinema [...] Hoje, cinqüenta corporações dominam a maior parte dos canais de distribuição dos jornais diários e a maior parte das vendas e da audiência das revistas, estações radiodifusoras, livros e filmes.[3]

São números da década de 1980. Mais recentemente, a revista *The Economist* destacou o que chamou de "oligopolização" do setor na economia globalizada por sete grupos: Time Warner, Walt Disney, Bertelsmann, Viacom, News Corp, Seagram e Sony.[4] Não obstante, justamente em razão dos movimentos de concentração verificados com a mundialização da economia, ninguém de boa-fé recusa a necessidade de que as democracias estabeleçam parâmetros dentro dos quais a diversidade seja protegida. Bagdikian, a propósito, nada mais faz que chamar a atenção de seus leitores para o fato de que o poder dos conglomerados ameaça atropelar os princípios democráticos. Ele tem como retaguarda uma tradição democrática que, nos Estados Unidos, leva o Estado a agir contra o estabelecimento de monopólios — que se tornaram predatórios. Sem diversidade, como é natural, não pode haver uma imprensa ética — pois ela tenderá a representar apenas a voz das grandes corporações. E todos sabem disso.

Assim, os bons livros de Meyer e Lambeth não ignoram o problema. Apenas partem da premissa de que há, no fundo da cultura sobre a qual se erguem os preceitos éticos, o apego ao princípio da diversidade e da pluralidade. E nem precisam aprofundar esse tópico. No Brasil, porém, onde o problema da concentração de propriedade é relativamente mais acentuado, principalmente nos meios audiovisuais, e onde o assunto não é debatido pelos meios de comunicação a não ser em circunstâncias excepcionais, uma discussão sobre imprensa que não queira se contentar com as etiquetas precisa tratar também disso. Pois as premissas que garantem e disciplinam o exercício da liberdade de imprensa não estão dadas entre nós — nem na prática do dia-a-dia nem no plano das idéias. Falar sobre ética jornalística, portanto, é falar também sobre as premissas institucionais da ética jornalística.

Mas sem precipitação. Antes de discutir as premissas institucionais, é preciso conhecer o modo como a filosofia tem alimentado o debate sobre jornalismo, fornecendo os conceitos da ética aplicada à profissão.

FONTES FILOSÓFICAS DA ÉTICA JORNALÍSTICA

A ética do jornalismo não trata originalmente de premissas institucionais (embora as pressuponha), mas lida com o campo abrangido pelas decisões individuais dos jornalistas. E isso não se pode perder de vista quando se quer compreender como os preceitos foram estabelecidos. Mais que um rol de normas práticas, a ética jornalística é um sistema com uma lógica própria. Não é um receituário; é antes um modo de pensar que, aplicado ao jornalismo, dá forma aos impasses que requerem decisões individuais e sugere equações para resolvê-los. O que se deve ter em conta, de início, é que a prática do jornalismo não é auto-suficiente em sua dimensão ética, mas vai buscar em correntes filosóficas que trataram da ética em geral os parâmetros para enfrentar seus dilemas cotidianos.

Valor individual e social

A palavra *ética* deriva do grego *éthos*, que, grosso modo, refere-se aos costumes. Numa breve recuperação etimológica do termo, Marilena Chaui, professora de filosofia da Universidade de São Paulo, abre um pouco mais o conceito, de modo a deixar bem clara a dupla face do comportamento ético, uma individual e outra social: "Embora *ta ethé* e *mores* signifiquem o mesmo, isto é, costumes e modos de agir de uma sociedade, *ethos*, no singular, é o caráter ou temperamento individual que deve ser educado para os valores da sociedade e *ta ethiké* é uma parte da filosofia que se dedica às coisas referentes ao caráter e à conduta dos indivíduos".[5] Desde sua origem, portanto, o assunto comporta duas faces: uma no indivíduo, em seu "temperamento", e outra na sociedade. Nem toda ética, porém, é normativa, ou seja, nem toda ética se traduz em leis. A ética de Espinosa, por exemplo, diz Marilena, não é normativa, ou seja, não culmina no estabelecimento de máximas que possam ser lidas como regras de conduta válidas para todos. Mas Espinosa não vem ao caso, pois sua influência sobre os estudos do jornalismo é bem pequena, embora também no jornalismo o estudo da ética não resulte obrigatoriamente em normatizações. Já a de Kant é uma ética normativa: lida com deveres e obrigações (e terá uma forte presença nos preceitos jornalísticos).

Há diferentes correntes filosóficas que tratam da ética,

mas, de um modo geral, todas precisam ter como base uma teoria que sustente a racionalidade, a liberdade e a responsabilidade do sujeito, de forma que suas palavras e suas ações possam ser medidas por ele e compreendidas e aceitas como válidas por aqueles que o cercam. "Enfim", escreve Marilena Chaui, "a ação só é ética se realizar a natureza racional, livre e responsável do agente e se o agente respeitar a racionalidade, liberdade e responsabilidade dos outros agentes, de sorte que a subjetividade ética é uma intersubjetividade." A conduta ética é fruto da decisão do agente — é por ter racionalidade e liberdade, ou por ter o "livre-arbítrio", como prega a tradição cristã, que ele é senhor de seus atos — mas essa decisão individual tem lugar na sociedade. O agente goza de autonomia e, ao mesmo tempo, está atado aos valores sociais que lhe são exteriores, isto é, que representam para ele uma heteronomia. A busca do bom e do justo — que, embora sejam conceitos cujos sentidos comportam variações entre os gregos, assim como o conceito de virtude, unificam o pensamento clássico sobre a finalidade da conduta ética — é portanto um objetivo simultaneamente individual e social. Cada um, agindo eticamente, constrói o próprio caráter em direção à virtude; no mesmo movimento, constrói o bem comum tal como ele é entendido em sua comunidade.

Não se deve entender, contudo, que a filosofia forneça à prática as indicações do que é certo e do que é errado. Não é exatamente assim. Conforme expõe o jornalista Adauto Novaes, ex-coordenador do Núcleo de Estudos e Pesquisas da Fundação Nacional de Arte, a Funarte, quando se trata de ética, o exercício prático é o que se examina, e é dele que se extraem as noções de virtude.[6] Segundo preconizava Aristóteles no Livro II de *Ética a Nicômaco*, "o estudo não é teórico como os outros (pois estudamos não para saber o que é a virtude, mas para sermos bons, já que de outra maneira não tiraríamos nenhum proveito dela). Devemos examinar o que é relativo às ações, como realizá-las, pois elas são as principais causas da formação dos diversos modos de ser". A ética está na práxis. Há uma sintonia entre os costumes e a boa conduta, pois a ética não está nem poderia estar fora dos costumes. O desafio filosófico é encontrar, no campo dos costumes, as pistas para o Bem.

Este resumo é por certo apressado, mas, como está ciente o leitor, este livro não é um estudo filosófico. É um livro sobre jornalismo e sua ética aplicada. Só o que se pretende, com esta retomada sumária da gênese do conceito, é enfatizar que, embora a ética convide a um discurso prescritivo, marcado pelo dever-ser, ela não se esgota numa tábua de mandamentos que despenque dos céus sobre os homens. Antes, é gerada nos costumes terrenos e na conciliação possível entre esses costumes e os ideais que também deles emergem tendo em vista a realização do Bem no convívio humano. O ideal de Bem, portanto, é inescapável. Aqui, porém, já não se trata de um Bem que um sujeito impõe aos outros; trata-se de um Bem que se realiza como projeto intersubjetivo. Trata-se, enfim, não de se acomodar aos costumes, mas — sem deixar de dialogar com eles — de procurar caminhos para elevá-los.

É verdade que os costumes exercem uma pressão imobilizadora sobre si mesmos — Max Weber lembra que "A ética [*mores*] orgânica da sociedade é, em toda parte, um poder eminentemente conservador e hostil à revolução"[7] —, mas a busca do Bem implica agir para transformá-los no curso do tempo. De resto, a ética jornalística não trata de promover revolução nenhuma. Em *Vícios privados, benefícios públicos?* Eduardo Giannetti, economista, cientista social e professor da Faculdade de Economia e Administração da Universidade de São Paulo, afirma: "A ética lida com aquilo que pode ser diferente do que é".[8] Ao que se pode legitimamente acrescentar: lida com aquilo que *deve ser melhor* do que é.

Melhor para quem? Segundo que valores? De que modo? É isso que enfocam os debates contemporâneos. O jornalismo, tal como o conhecemos hoje, é uma invenção da democracia moderna. Não desde sempre. Havia jornalismo antes dos regimes democráticos — e, por vezes, era um serviço voltado para a difusão dos decretos governamentais puramente. E assim era tratado pelos governantes. "Ainda em março de 1769", conta o filósofo alemão Jürgen Habermas em *Mudança estrutural da esfera pública*, "um decreto sobre a imprensa baixado pelo governo vienense testemunha o estilo dessas práxis: 'Para que os redatores dos jornais possam saber que espécies de decretos, dispositivos e outras coisas que ocorrem são adequadas para o público, essas notícias serão reunidas a cada semana pelos funcionários públicos e fornecidas aos jornalistas'."[9]

A imprensa ainda não era vista como uma instituição para fiscalizar o poder; era apenas uma extensão das necessidades de comunicação do governo. Atualmente, contudo, falar em jornalismo é falar em vigilância do poder e, ao mesmo tempo, em prestação de informações relevantes para o público, segundo os direitos e necessidades do público (não do governo). Mais ainda, falar em imprensa livre é falar numa prática de comunicação social historicamente forjada pela modernidade que organiza o espaço público, o Estado e o mercado, segundo o primado dos direitos do cidadão. Nada do que repórteres e editores possam fazer se situa fora dessa demarcação histórica, resultando daí sua técnica, sua lógica e sua ética. Não faria sentido — nem técnico, nem lógico, nem ético — que os jornalistas se mobilizassem contra a liberdade de imprensa. Seriam suicidas. A liberdade de imprensa, a propósito, é um princípio assegurado não por eles, jornalistas, mas pela sociedade, que deles precisa para mediar a comunicação pública. Do mesmo modo, está no fundamento da ética jornalística, qualquer que seja a sua acepção, a defesa da liberdade, da verdade, da justiça, da pluralidade de opiniões e de pontos de vista, e da vigilância dos atos do governo. De forma que o que pode haver de melhor na imprensa é aquilo que contribua para o aperfeiçoamento dos princípios e dos valores sobre os quais repousa a sua própria liberdade. É claro que pode haver publicações e programações de rádio e TV sob regimes despóticos, mas o espírito do jornalismo, tal qual ele foi gerado pelas revoluções que entregaram o poder ao cidadão (e ao povo), só faz sentido quando conjugado com o projeto democrático.

Entre o certo e o errado — e entre o certo e... o certo

Mas, se fosse só isso, tudo seria muito fácil. No exercício da profissão, diariamente os profissionais de imprensa enfrentam dilemas cuja solução nem sempre é simples. Os impasses cotidianos se apresentam como bifurcações entre dois valores que, de início, parecem ser igualmente válidos. Por exemplo, entre o valor da verdade e a responsabilidade sobre as conseqüências do que será publicado. Em *Committed journalism*,[10] Lambeth faz menção a um episódio bastante ilustrativo. Pouco antes da invasão da baía dos Porcos, em Cuba, por forças formadas por cubanos exilados nos Estados Unidos, treinadas e apoiadas pela CIA, em abril de 1961, o jornal *The New York Times* tinha pronta uma reportagem sobre os preparativos militares da operação. Sabendo disso, o presidente Kennedy telefonou aos editores do diário e persuadiu-os a não dar a história, alegando razões de segurança. Os editores se dobraram ao presidente.

Como se sabe, o ataque a Cuba foi desastrado e resultou num fiasco vergonhoso para os Estados Unidos. Tempos depois, escreve Lambeth, o próprio Kennedy se arrependeu de sua interferência no *Times* e julgou que talvez a publicação da reportagem contribuísse para evitar o vexame em que desaguou toda a operação. Mas o fato é que, entre dizer a verdade ao público e preservar o que parecia ser um segredo que poria em risco a segurança nacional, os jornalistas ficaram com a segunda alternativa. É difícil dizer, a posteriori, se erraram ou acertaram, mas enfrentaram um típico dilema ético do jornalismo e fizeram a escolha que lhes pareceu mais adequada.

Nem sempre, é claro, um dilema jornalístico envolve razões de Estado. Aliás, é raro que isso ocorra. O mais comum são dúvidas de ordem mais comezinha — mas, nem por isso, menos relevantes eticamente. Talvez não digam respeito às estratégias militares de uma nação, mas envolvem a reputação de pessoas — daí sua importância. Com freqüência, os órgãos de imprensa se vêem entre optar pelo respeito à privacidade de alguém que é tema da reportagem e o direito do cidadão de ser bem informado. É justo devassar a intimidade de alguém? Não, todo mundo sabe. Mas, de novo, não é com tanta simplicidade que essas dúvidas costumam aparecer. Pergunte-se outra vez: é justo investigar a intimidade de alguém que esteja exercendo uma função pública e guarda, em sua intimidade, práticas suspeitas que envolvem o Estado? O dilema ético do jornalista, por excelência, é desse tipo. Não se trata apenas de uma hesitação, portanto, entre o certo e o errado.

Se fosse assim, seria mais fácil. Um diretor de redação que aceite suborno para poupar um ministro no noticiário, omitindo informações ao público, não está sendo apenas antiético. Está praticando um crime previsto no artigo 18 da Lei de Imprensa: "Obter ou procurar obter, para si ou para outrem, favor, dinheiro ou outra vantagem para não fazer ou impedir que se faça publicação, transmissão ou distribuição de notícias: Pena: Reclusão, de 1 (um) a 4 (quatro) anos, e multa de 2 (dois) a 30 (trinta) salários mínimos da região". É verdade que a Lei de Imprensa, de 1967, é uma aberração jurídica do regime militar cuja única finalidade era acobertar os atos dos chefes do Executivo e manter longe deles qualquer tentativa de investigação jornalística. Deveria ser imediatamente revogada — o que é consenso entre os jornalistas brasileiros —, mas, para servir de exemplo para o que se argumenta aqui, ou seja, que um jornalista que aceita suborno pratica um crime, o seu artigo 18 pode ser lembrado. E só assim, como um exemplo entre outros. Se a ética lidasse apenas com a opção entre o certo e o errado, uma legislação democrática (não essa, da Lei de Imprensa) resolveria os problemas, já que aquele que se encontra entre o certo e o errado quase sempre está num dilema entre o lícito e o ilícito. Um editor que se prevaleça de sua função profissional para chantagear quem quer que seja também não está desprezando a ética, apenas. Está incorrendo em crime. Assim como quem calunia, ou como quem violenta uma criança. Se tudo se resumisse a separar o lícito do ilícito, a ética jornalística seria uma trivialidade. Sua matéria-prima, porém, não é essa, mas é fornecer ao profissional alguns parâmetros que o ajudem a tomar uma decisão entre duas alternativas igualmente lícitas, ou entre o certo — e o certo.

Teleologia e deontologia

O dilema ético típico dentro do campo jornalístico é aquele que opõe um valor justo e bom a outro valor que, de início, apresenta-se como igualmente justo e bom. Por isso é tão difícil e por isso merece tanta reflexão. É nessa medida que a teoria clássica sobre ética tem sido invocada para fornecer parâmetros ao jornalista. Em *Committed journalism*, Lambeth expõe as duas correntes básicas que comparecem aos estudos sobre imprensa: a teleológica e a deontológica. A primeira leva em conta as conseqüências do ato. Então, ao pautar sua conduta, o jornalista deve julgar o que é que traz mais benefícios (éticos) para mais pessoas. É aí que Lambeth situa o chamado utilitarismo: o agente deve calcular qual das atitudes possíveis trará melhores conseqüências. Não se confunda o utilitarismo com a máxima segundo a qual os fins justificam os meios. Utilitarista ou não, nenhum jornalista está autorizado a fazer "qualquer coisa" para atingir uma "boa" finalidade. Claro que há flexibilizações possíveis em vista do benefício geral, mas nenhuma contempla o uso de meios espúrios ou ilícitos. O utilitarista não é um maquiavélico (termo adotado aqui em seu sentido quase anedótico), não é propriamente aquele que visa uma finalidade com sua ação e que para tal se vale de quaisquer meios, mas apenas alguém que tende a levar em conta as conseqüências de seus atos, avaliando-os segundo os resultados que eles possam vir a ter. Guardadas as distâncias necessárias, essa corrente lembra a "ética da responsabilidade" de Max Weber, pela qual o homem moderno age tendo em vista as conseqüências de seus atos, assumindo a responsabilidade pelos seus atos e também pelos seus efeitos. Lembra-a, mas não se confunde com ela. Weber é um pensador do século XX que jamais se filiou ao utilitarismo. O fundador do utilitarismo é Jeremy Bentham (1748-1832), cuja filosofia preconizava a máxima: "a maior felicidade para o maior número possível de pessoas". Seu fim é a felicidade e não o êxito em atingir um objetivo determinado.

O utilitarismo é uma fonte importante da ética jornalística, mas é também bastante criticado. A fraqueza dessa filosofia aplicada ao jornalismo é grave: como pode um mero profissional de imprensa prever com tamanha eficácia as conseqüências de seus atos? Jornalistas não são profetas. Uma ética que depende, então, de cálculos que levam em sua receita uma boa dose de futurologia tem seus limites.

A segunda corrente, a deontologia, é bem menos flexível e não requer de seus adeptos vocação para as artes de adivinhação. Inspira-se na idéia de imperativo categórico de Immanuel Kant (1724-1804), para quem uma regra de conduta só pode ser eticamente aceita se for universal, isto é, se tiver validade tanto para o agente como para todos os outros seres racionais. A conseqüência do ato já não importa. O que importa é que o ato se revista das características de um imperativo categórico universal, quer dizer, que o ato se apóie em princípios que tenham a mesma validade para todos. Não roubar pode ser tomado como um princípio racional e universal porque, ao contrário, se todos roubassem de todos, a sociedade se tornaria inviável. Dizer a verdade é um autêntico imperativo categórico kantiano, pois corresponde a um princípio passível de universalização. Se ninguém mentir, tanto melhor. Pois bem: para o jornalista, dizer a verdade é um imperativo categórico fundador. Azar das conseqüências.

Voltando ao exemplo do *The New York Times* por ocasião da invasão da baía dos Porcos, o que ocorreu ali foi que os editores do *Times* empreenderam um cálculo tipicamente utilitário: levaram em conta os efeitos para a segurança nacional que a publicação da história poderia acarretar. Com base nas conseqüências, deliberaram não contar a verdade ao público. É possível que, se fossem discutir o caso segundo uma ética deontológica, chegassem a uma conclusão diferente. Mas, mesmo aí, teriam de escolher o princípio da verdade contra o princípio da responsabilidade. Em termos puramente deontológicos, talvez o primeiro prevalecesse sobre o segundo, mas, mesmo assim, seria uma escolha difícil. E é aí, precisamente, que reside a fraqueza da ética deontológica tal qual ela foi incorporada pelos estudiosos da imprensa: principista, ela não ajuda muito a decidir entre dois valores que se julguem equivalentes. Sua outra fraqueza é sua pretensão de ser aistórica. Não há princípios, por mais racionais e universais que sejam, que não se modifiquem no espaço e no tempo. Um pouco de relativismo é sempre indicado.

Em *Ética jornalística — O novo debate*,[11] Rushworth Kidder, presidente do Institute for Global Ethics, separa dessas duas correntes uma terceira variante, a chamada "regra de ouro": o princípio segundo o qual cada um deve agir em relação aos outros do mesmo modo que gostaria que os outros agissem em relação a si. Aqui, o que fala mais alto é a preocupação com o próximo. Mas, de novo, há problemas. A "regra de ouro" é um bom princípio cristão, mas não é lá muito prática. Não que ela deva ser jogada fora; deve ser observada todos os dias por qualquer sujeito de boa vontade. A dificuldade que ela traz para o jornalismo, porém, é o fato de não se prestar a soluções para os dilemas que surgem no cotidiano da profissão. Como aplicar a "regra de ouro" em relação a um político que visita a redação para pedir que uma reportagem sobre um caso de corrupção não seja publicada? Deve-se tratá-lo com cortesia, o que ele entenderá como um sinal verde para voltar outras vezes com pretensões similares? Ou deve-se expulsá-lo da redação, com rispidez, dedicando-lhe um tratamento que ninguém gosta de receber? Em nome da independência editorial, esta segunda alternativa é mais apropriada. Quanto à "regra de ouro", não seria de grande utilidade nesse caso. Assim como não é em muitos outros.

É claro que, no ofício jornalístico, não existem nem deontologistas puros nem utilitaristas puros. As duas correntes se mesclam, com uma sutil inclinação para aquela que prevê a responsabilidade dos agentes sobre seus atos e as conseqüências deles. A decisão ética é de foro individual, mas tem seu sentido no bem comum — que portanto deve ser sempre considerado. Pensar apenas e simplesmente na moralidade do ato pode se traduzir em inconseqüência. Em "Rejeições religiosas do mundo e suas direções", Max Weber (1864-1920) faz um comentário bastante esclarecedor:

> Onde, no caso individual, pode o valor ético de um ato ser determinado? Em termos de êxito ou em termos de algum valor intrínseco do ato *per se* ? A questão é se, e até que ponto, a responsabilidade do agente pelos resultados santifica os meios, ou se o valor da sua intenção justifica a sua rejeição da responsabilidade do resultado, seja para transferi-lo para Deus, ou para a maldade e idiotice do mundo permitidas por Deus.[12]

Não há como fugir à responsabilidade. O êxito, por si, não torna eticamente aceitável a conduta daquele que age para atingir a um fim. O jornalista não age para obter resultados que não sejam o de bem informar o público; ele não tem autorização ética para perseguir outros fins que não este. Além disso, é cada vez mais chamado a pensar nas conseqüências do que pratica. Ele também não está autorizado a entregar os resultados a Deus ou ao acaso.

Os dilemas éticos estão constantemente se transformando, assumindo complexidades inéditas, e não há receitas acabadas para dirimi-los todos. Daí a necessidade de que os jornalistas tenham cada vez mais familiaridade com essas e outras correntes filosóficas aplicadas ao seu ofício e com os paradigmas que elas oferecem. Dependem disso para estar à altura de sua profissão e dos desafios que ela encerra. Mais ainda, o debate ético adquire mais qualidade e mais legitimidade quando é travado publicamente. Como diz Lambeth, "ambos, o jornalismo e o público, só têm a ganhar quando os julgamentos éticos são discutidos abertamente". Isso porque a excelência da imprensa interessa antes de tudo para o público e para a democracia. É só por isso que ela também interessa aos jornalistas. Não é muito produtivo o debate fechado. É no público que a ética jornalística adquire sua melhor consistência, é aí que ela encontra seu fundamento.

Pretender que as redações possam ser ilhas de ética dentro de empresas que realizam operações escusas, ou dentro de sociedades em que as instituições democráticas sejam precárias, é o mesmo que apostar na boa medicina dentro de um hospital que compra remédios falsificados. É o mesmo que acreditar na excelência de uma cavalaria cujo comandante atue no tráfico de drogas. A ética jornalística não é apenas um atributo intrínseco do profissional ou da redação, mas é, acima disso, um pacto de confiança entre a instituição do jornalismo e o público, num ambiente em que as instituições democráticas sejam sólidas. A ética interna das redações e a ética pessoal dos jornalistas devem ser cultivadas, aprimoradas e exigidas, mas elas só são plenamente eficazes quando as premissas da liberdade de imprensa estão asseguradas.

Ao longo deste livro, a ética jornalística é tratada como exigência e, ao mesmo tempo, como produto da democracia. Por isso, ele enfrenta perguntas que não se restringem ao universo interno das redações. Trata também desse universo, mas busca as relações necessárias entre ele e o mundo exterior, lançando indagações sobre a organização do espaço público e sobre a existência (ou não) da pluralidade de veículos informativos. O leitor reconhecerá, nos dilemas que serão analisados, traços das correntes filosóficas que aqui foram sintetizadas. E verá que, a estas, outras virão se somar. Tê-las em mente é necessário, pois são elas que dão forma ao debate contemporâneo. Mas só elas não bastam. É preciso ver que novas questões se apresentam dentro de uma comunicação social marcada pela presença dos grandes conglomerados da mídia e pela crescente aproximação entre jornalismo e entretenimento, perfazendo a lógica do espetáculo.

UMA ÉTICA ALÉM DO MERCADO

O propósito deste livro é compartilhar o assunto com o leitor leigo, pois adota a premissa de que ética em jornalismo é algo sério demais para ser deixado unicamente ao encargo dos especialistas. Os exemplos que aparecem ao longo do texto são apenas ilustrativos. Todos são já bastante conhecidos. Não há, aqui, revelação de fatos novos. Os exemplos servem apenas para elucidar o pensamento ético e para materializá-lo no cotidiano. No limite, pode-se dizer que este livro tem o objetivo de pensar o jornalismo como um ofício que, acima de tudo, não é uma técnica, mas é (e deve ser) uma práxis ética.

Em sua maior parte, as discussões aqui apresentadas se situam nos paradigmas do liberalismo. Desses paradigmas é que brota a promessa da liberdade de imprensa. Agora, o desafio da reflexão contemporânea sobre jornalismo é examinar os limites que o liberalismo enfrenta para realizar na prática a sua promessa. O mercado pode mesmo oferecer com eficácia as soluções éticas que o projeto democrático espera da imprensa? Além do mercado, qual é a origem e qual é a legitimidade dos valores que devem orientar a prática dos jornalistas e de todos os que operam ou comandam os meios de comunicação?

E o que seria uma ética de mercado? Em boa medida, aquela que a corrente teleológica chamará de ética do egoísmo, ou seja, aquela pela qual o indivíduo, buscando atender suas próprias necessidades e seus próprios interesses, acabaria contribuindo para estabelecer o equilíbrio social e o bem comum. Onde todos agem por egoísmo, a ambição de um serve de contrapeso à ambição dos outros. Na origem desse pensamento, encontra-se a máxima que se tornou conhecida como "vícios privados, benefícios públicos". A expressão vem da obra de Bernard de Mandeville, médico holandês radicado na Inglaterra, *A fábula das abelhas — Ou vícios privados, benefícios públicos*, de 1714. Em parte, as idéias de Adam Smith às vezes concorrem para reafirmar a fábula: "Pela busca de seu próprio interesse, ele [o homem] com freqüência promove o da sociedade mais eficazmente do que quando de fato tenciona promovê-lo". Eduardo Giannetti faz referência à historinha das abelhas e a essa passagem de Smith, em *Vícios privados, benefícios públicos?*.[13] Giannetti vai então criticá-las. Para ele, há de existir uma ética além da fábula, ou as nações não teriam êxito como projeto coletivo. O mesmo se pode dizer do jornalismo. Se ele for governado simplesmente pela ambição de seus praticantes — e de seus empresários —, pode se degenerar na negação da promessa liberal que traz de berço.

Este livro, como ficará evidente, não pretende regenerar as doutrinas liberais. Tampouco pretende se filiar a elas, uma vez que vai questionar o alcance das soluções de mercado à luz das exigências postas pela cidadania como fonte do poder político. Ele apenas toma como ponto de partida os paradigmas liberais que inspiraram a liberdade de imprensa e enfrenta modestamente a tarefa de pensar sobre os limites contemporâneos desses paradigmas — e sobre as possibilidades de superá-los. Agora não mais nos marcos do mercado, apenas, mas, acima das relações de consumo, nos marcos da vigência dos direitos do cidadão, como o direito à informação e à liberdade de expressão. São estes, os direitos, que devem ser chamados a fornecer as bases para o exercício de uma imprensa que, embora tenha também um lugar no mercado e seja também uma realidade econômica, estabeleça sua meta mais alta na construção da democracia e no aperfeiçoamento dos direitos humanos. Os valores democráticos — que, por definição, são públicos e não privados — são a mais fecunda inspiração, a mais elementar e a mais básica, do jornalismo. Devem ser também seu fundamento contemporâneo e seu projeto de futuro.

1

FAZ SENTIDO FALAR DE ÉTICA NA IMPRENSA?

No dia 25 de janeiro de 1984, o *Jornal Nacional* tapeou o telespectador. Mostrou cenas de uma manifestação pública na praça da Sé, em São Paulo, e disse que aquilo acontecia em virtude da comemoração do aniversário da cidade. A manifestação era real: lá estavam dezenas de milhares de cidadãos em frente a um palanque onde lideranças políticas discursavam. Mas o motivo que o *Jornal Nacional* atribuiu a ela não passava de invenção. Aquele comício nada tinha a ver com fundação de cidade alguma. A multidão estava lá para exigir eleições diretas para a Presidência da República. O *Jornal Nacional* enganou o cidadão naquela noite — e prosseguiu enganando durante semanas a fio, ao omitir as informações sobre a campanha por eleições diretas. Para quem só se inteirasse dos acontecimentos nacionais pelos noticiários da Globo, a campanha das diretas não existia.

No dia 25 de abril daquele ano, a emenda constitucional que restabeleceria o sufrágio universal e direto para a escolha do presidente da República deixou de ser aprovada por 22 votos no Congresso Nacional. O brasileiro só reconquistou o direito de votar para presidente com a Constituição de 1988, a "constituição-cidadã", como foi batizada por Ulysses Guimarães, e só voltou a exercê-lo em 1989. O eleito foi Fernando Collor de Mello, cuja candidatura contou com o apoio do *Jornal Nacional*, do *Fantástico* e dos outros programas jornalísticos da Rede Globo de Televisão. Apoio explícito e assumido. Roberto Marinho, o dono das Organizações Globo, foi muito claro a esse respeito numa entrevista ao repórter Hélio Contreiras, publicada no *Jornal da Tarde* de 6 de abril de 1993. Perguntou o repórter: "Mas o senhor reconhece que a Rede Globo e *O Globo* influenciaram [o público] para a eleição do (presidente) Collor?". Respondeu Roberto Marinho: "Sim, nós promovemos a eleição do Collor e eu tinha os melhores motivos para um grande entusiasmo e uma grande esperança de que ele faria um governo extraordinário". Realmente, Collor realizou um governo extraordinário, deixando para a posteridade o registro de vultosas realizações na esfera da corrupção. Tão extraordinário que, em 1992, uma outra campanha de massas tomou as ruas, lembrando as jornadas pelas diretas de oito anos antes. Mas a bandeira era outra: agora, o que unia os manifestantes era a exigência do afastamento do chefe do Executivo federal. O jornalismo da Rede Globo adotou o mesmo comportamento de 1984. Ignorou — e, com isso, forçou os seus telespectadores a ignorar — inúmeras passeatas e atos públicos que tomavam conta do espaço público nacional. De novo, sonegou informação. Na tela da Globo, as jornadas que defendiam o impeachment de Collor não tinham vez. Foram aparecer apenas tardiamente, quando o movimento já estava perto da vitória.

O COMPROMISSO DAS EMPRESAS DE COMUNICAÇÃO (OU A FALTA DELE)

Faz sentido discutir ética num país onde coisas assim acontecem reiteradamente? Ninguém precisa ter freqüentado aulas numa faculdade de comunicação social para intuir que ao jornalismo cabe perseguir a verdade dos fatos para bem informar o público, que o jornalismo cumpre uma função social antes de ser um negócio, que a objetividade e o equilíbrio são valores que alicerçam a boa reportagem. E, no entanto, nesses três momentos já incorporados à história política do Brasil — a campanha das diretas de 1984, as eleições presidenciais de 1989 e a mobilização popular pelo impeachment em 1992 —, a principal rede de televisão do país falsifica, distorce e omite informações essenciais. Deliberadamente. E passa ilesa por tudo isso. A Globo foi a única? Não. Mas a sua liderança impõe a ela o ônus de ser caso exemplar, sobretudo nos erros. Prossigamos, então, um pouco mais nesses três casos exemplares.

Lembremo-nos de que o brasileiro se informa prioritariamente pela televisão, e que, agora, no ano 2000, a liderança da Globo sobre as outras redes ainda é uma realidade. E era ainda mais forte entre 1984 e 1992. Uma mentira narrada como verdade pelos locutores da Globo não é a mesma coisa que uma mentira publicada num quinzenário de uma pequena cidade. Muitas vezes, as versões consagradas na tela da Globo persistem temporariamente como verdade. A propósito: tamanha hegemonia exercida por uma única rede desequilibra o jogo democrático e a competição que faz funcionar a economia capitalista — razão pela qual, aliás, nos Estados Unidos e em outras democracias mais desenvolvidas, há fórmulas para evitar a concentração de poder na mídia (o que será visto com mais detalhes no capítulo 4). O fato é este: as falsificações jornalísticas da Globo não deram conta de barrar, mas contribuíram para retardar a evolução de movimentos populares e da própria democracia brasileira. Desobedecendo frontalmente aos imperativos éticos do jornalismo. E então? Se isso pode acontecer, por que falar de ética?

A discussão ética só produz resultados quando acontece sobre uma base de compromisso. Se uma empresa de comunicação não se submete na prática às exigências de busca da verdade e do equilíbrio, o esforço de diálogo vira proselitismo vazio. E inútil. No máximo, um colóquio de etiqueta. Aliás, é assim que acontece com freqüência. Debatem-se as boas maneiras dos repórteres, se eles tratam bem o entrevistado, se se apresentam corretamente como jornalistas, se ouvem os dois ou mais lados do tema que estão cobrindo, se invadem a privacidade da atriz que depois decide processar a revista — que por sua vez só vive de explorar detalhes da intimidade de pessoas famosas —, e assim por diante. Tudo isso é importante, claro, mas é pouco diante das faltas éticas que vitimam a sociedade brasileira. Essas até contam com a colaboração ativa de jornalistas que tomam parte na confecção das imposturas, mas em geral são cometidas por empresas e não por redatores; são faltas institucionais e não desvios pessoais.

As empresas esforçam-se em contratar jornalistas íntegros, querem funcionários que não falsifiquem declarações alheias, que não cometam plágios, que não digam que gastaram no táxi a verba que na realidade consumiram tomando cerveja antes de voltar para a redação. As empresas têm razão em sua preferência: do caráter dos seus profissionais depende diretamente a qualidade técnica dos produtos jornalísticos que serão postos à venda. Mas elas precisam devolver essa mesma dedicação e transparência ao público — e, infelizmente, não é sempre que agem assim. Por isso, uma discussão ética que não toque na ética das empresas resulta numa conversa de "porte e postura". Essa deontologia glútea termina por ajudar a esconder o fato de que os piores problemas da imprensa brasileira são problemas *construídos* no interior das empresas de comunicação por forças e interesses que ultrapassam os domínios de uma redação e nada têm a ver com os interesses legítimos de seus telespectadores, leitores, ouvintes. Mais ainda: ajuda a esconder o fato de que o ambiente de absoluta ausência de parâmetros éticos que orientem as empresas de comunicação é uma situação social — não restrita, portanto, a um segmento profissional.

Discutir ética na imprensa só faz sentido se significar pôr em questão os padrões de convivência entre as pessoas, individualmente, e de toda a sociedade no que se refere ao trato com a informação de interesse público e com a notícia. A isso precisam se subordinar não apenas os jornalistas, mas também os seus patrões e as corporações em que funcionam os veículos de comunicação. Essa discussão só tem um interessado: o cidadão. Ninguém mais. É para ele que a imprensa deve existir — e só para ele. Às vezes, parece que todos nos esquecemos disso.

Jornais, revistas, emissoras de rádio e televisão dedicados ao jornalismo, assim como os sites informativos na internet, nada disso deve existir com a simples finalidade de gerar empregos, fortunas e erguer os impérios da mídia; deve existir porque os cidadãos têm o direito à informação (garantido em todo o mundo democrático, sobretudo desde a Declaração Universal dos Direitos do Homem, de 1948, que estabelece, no artigo 19, o direito à liberdade de opinião e expressão, que inclui a liberdade de "procurar, receber e transmitir informações e idéias por quaisquer meios e independentemente de fronteiras", e garantido também no Brasil, pela Constituição Federal, artigo 5º — XIV). Sem que esse direito seja atendido, a democracia não funciona, uma vez que o debate público pelo qual se formam as opiniões entre os cidadãos se torna um debate viciado. Por isso a imprensa precisa ser forte, independente e atuante. É verdade que a atividade jornalística se converteu num mercado, mas, atenção, esse mercado é conseqüência, e não o fundamento da razão de ser da imprensa. Do direito fundamental a que corresponde a imprensa, o direito à informação, resulta a ética que deveria reger os jornalistas e as empresas de comunicação — e deveria reger também os vínculos que ambos estabelecem com as suas fontes (as pessoas que fornecem as informações aos jornalistas), com o público e, sobretudo, com o poder (econômico, político ou estatal). Quando o poder age no sentido de subtrair ao cidadão a informação que lhe é devida, está corroendo as bases do exercício do jornalismo ético, que é o bom jornalismo, e corrompendo a sociedade.

Quando se trata das relações dos jornalistas e das empresas de comunicação com o poder, um outro horizonte se abre para aqueles interessados na discussão ética. Pois assim como as redações não existem à margem das empresas, mas no interior delas, também as empresas não pairam soltas no espaço, mas têm o seu lugar dentro da sociedade — e essa sociedade é marcada (definida) pelas relações de poder e de dominação.

Tanto é assim que alguém que pretendesse fazer a defesa da conduta da Rede Globo em 1984, 1989 e 1992 poderia alegar que elas eram devidas não à vontade autônoma da empresa, e sim às pressões do Estado sobre a empresa. Pressões existem, e são fortes. Principalmente sobre as emissoras de rádio e TV. Até a promulgação da Constituição de 1988, um ato discricionário do Executivo bastaria para pôr fim à concessão de uma emissora de rádio ou televisão. Atualmente, contudo, as concessões dependem também do Congresso Nacional, e as possibilidades de uma rede de televisão enfrentar pressões governamentais são mediadas pelo Legislativo. De toda forma, aceitar silenciosamente, durante tanto tempo, que uma ingerência governamental imponha a censura velada ao jornalismo constitui, além de uma postura empresarial pusilânime, uma traição à confiança do cidadão.

Não é o caso, aqui, de verificar os meandros das negociações que empresas de comunicação e governos podem se permitir entre si. O que interessa saber é de que lado têm permanecido as emissoras de televisão: se ficam do lado do direito à informação ou do lado das conveniências comerciais e políticas que exigem sacrifício da ética. Como regra, elas têm preferido a segunda alternativa. Eticamente, portanto, agem de forma condenável.

Então a ética seria a negação do espírito pragmático que caracteriza o mundo dos negócios? Não necessariamente. A ética na imprensa é, sim, a demarcação de limites para o pragmatismo, que, por si, não conhece limites. Enfrentar a discussão ética é aceitar o pressuposto de que é possível, ainda que numa perspectiva mais ou menos utópica, buscar mecanismos que protejam valores coletivamente eleitos contra um regime do não-valor moral. Esse pressuposto soa ingênuo para muitos, mas a alternativa a ele é o abandono de toda pretensão a uma convivência melhor. Temos aqui uma encruzilhada lógica: de um lado, abre-se o caminho do vale-tudo, já que a ética não passaria de um sonho pueril como o das crianças que acreditam em Papai Noel; do outro lado, está a estrada mais tortuosa e difícil, na qual é preciso combater o vale-tudo porque, embora Papai Noel não exista, as práticas humanas podem ser melhores do que são. Não é ingenuidade pretender que as empresas de comunicação devam dar prioridade, como valor, ao direito à informação.

Em se tratando de canais de rádio e televisão, isso é ainda mais verdadeiro, pois é em nome desse direito que o Estado, representando a sociedade, concede os canais para que se tornem objeto da atividade comercial. Uma emissora de televisão ou de rádio só pode funcionar mediante concessão pública; é preciso que o poder público conceda a permissão para que aquela determinada freqüência (aquele canal) seja utilizada por uma empresa para enviar seus sinais aos aparelhos receptores. Sem essa permissão, nada feito. O que vale dizer: em última análise, o cidadão é o dono das freqüências exploradas pelas empresas. Câmeras, antenas, parques eletrônicos instalados para a confecção das imagens eletrônicas, podem ser propriedade privada — mas a freqüência pela qual são transmitidas as ondas eletromagnéticas pertence ao povo e, em nome do povo, é concedida à empresa privada. Portanto, o cidadão tem legitimidade para exigir que essa exploração comercial não o desrespeite.

Por tudo isso, o exemplo da conduta da Rede Globo em 1984, em 1989 e em 1992 ilustra de modo bastante claro o alcance que deve ter a discussão ética sobre imprensa. Mais do que as normas de conduta que orientam a ação dos jornalistas, é preciso envolver no debate a ética das empresas que se dedicam ao negócio da comunicação social e identificar, ou propor, limites ao poder (econômico, político ou estatal) que procura subordinar a comunicação aos seus interesses, violando, com isso, o direito à informação.

Os desvios éticos da imprensa brasileira não se resumem, portanto, às falhas dos jornalistas — que, evidentemente, devem ser analisadas em público, para o bem da melhoria da qualidade de informação; eles se estendem às empresas e à sociedade. O problema ético é um problema estrutural e sistêmico.

A desinformação não se deve apenas a maus profissionais, mas também a atitudes empresariais que revelam falta de compromisso com o direito à informação, que se articulam para excluir o cidadão das decisões que em seu nome são tomadas. O único interessado na discussão ética é o cidadão — não os proprietários dos órgãos de imprensa, não os jornalistas, não os governantes (que também são cidadãos mas se encontram investidos de condições que os diferenciam dos demais); o único interessado é o cidadão como outro qualquer, aquela pessoa comum que consome as notícias e que, no fim, é o beneficiário final do jornalismo de qualidade — ou a vítima do jornalismo vil. É por isso que essa discussão vale a pena, faz sentido e, mais que isso, é urgente.

2
A SÍNDROME DA AUTO-SUFICIÊNCIA ÉTICA

Se o cidadão só tem a ganhar com o debate aberto sobre a ética na imprensa, por que é que esse debate no Brasil só começou a acontecer mais recentemente? E por que ele é tão tímido? O que é que o inibe? Para começar, é simplismo supor que o vilão da história seja o "sistema" — os grandes conglomerados da comunicação, as ditaduras de direita e de esquerda etc. O primeiro obstáculo que se apresenta para quem quer investigar, entender e discutir a ética dos jornalistas são os próprios jornalistas.

O ASSUNTO MALQUISTO

Jornalistas não gostam muito de falar de ética jornalística. Na verdade, detestam. Sim, há exceções, mas a maioria detesta. Para a média dos profissionais de imprensa, ou o assunto parece representar elucubrações em torno do sexo dos anjos — um exercício, portanto, inócuo —, ou é uma armadilha do inimigo, ou, finalmente, o caminho mais curto para melindrar o patrão ou o chefe. O complicado da história é que, ao reagir assim, um jornalista não está de todo enganado. Ao contrário, ele até tem alguma razão.

Comecemos pelo aspecto sexo-dos-anjos das discussões éticas: é disso mesmo que se trata quando se instalam os colóquios de generalidades, aqueles cujas conclusões são sempre unânimes e cujas conseqüências práticas são nulas. "É preciso checar a informação antes de publicá-la", "os indivíduos têm direito à privacidade", "ninguém é culpado até que o processo transite em julgado". Não há quem discorde disso, e, depois, na competição diária pela notícia exclusiva, repórteres e editores atropelam aqui e ali esses e outros princípios. E tudo continua como antes. Discutir generalidades, então, para quê?

É também verdade que a bandeira da ética é desfraldada com insistência por espertalhões para encurralar profissionais que investigam corretamente os fatos. Quantos não são os criminosos de colarinho branco, já condenados pela Justiça, que se lamuriam como se fossem vítimas de campanhas difamatórias da imprensa? Aí, a bandeira da ética é usurpada pelos inimigos da liberdade de expressão (como "inimigo", aqui, designa-se o corrupto típico ou o tirano estabelecido — bem relacionados, influentes, criminosos e beneficiários da impunidade, os maiores interessados em emascular o jornalismo). Semanalmente vêm a público argumentos aparentemente éticos invocados por notórios meliantes que, flagrados em crime, queixam-se de "invasão de privacidade". A resposta dos jornalistas costuma ser simples e direta: "Com esse fulano eu não falo de ética". Além de simples e direta, é explicável, embora não seja a atitude ideal. O "fulano" em questão é quase sempre a encarnação da vileza.

Por fim, o tema pode também guardar uma emboscada. É o que acontece quando o aprofundamento da discussão termina por indispor o jornalista com o seu patrão ou com o seu chefe na redação. Ninguém gosta de perder o emprego ou de cair em desprestígio acusado de deslealdade — mesmo quando a lealdade implica um certo silêncio obsequioso sobre condutas discutíveis. E, depois, sempre fica a dúvida: e se o chefe no fundo tem motivos justos, mas não declarados, para agir como está agindo?

Uma tradição que prescinde do debate

A má vontade que a cultura das redações reserva para a discussão ética parece um traço atávico. É como se abrir-se ao debate fosse perda de tempo ou um sinal de frouxidão e, portanto, um pecado mortal. Mas esse traço atávico pode ser entendido com a ajuda de um rápido retrospecto histórico e a lembrança de uma razão prática. Comecemos pela explicação histórica.

A atitude automática, ato reflexo, de torcer o nariz para o tema é, antes de tudo, coerente com a tradição da cultura política brasileira. Esta não prima por valores universais como os direitos humanos nem cultiva critérios impessoais e objetivos na vida profissional e na vida política. Entre nós, os direitos humanos ainda são novidade, o clientelismo ainda é corriqueiro, e a palavra *ética*, quando aparece, surge mais na condição de adjetivo do que em sua dimensão substantiva. No cotidiano, quando alguém pronuncia essa palavra, quase sempre está se referindo à qualidade de "honesto" de um certo fulano, ou a um atributo moral de uma prática; raramente o termo vem designar um sistema de valores coletivamente compartilhados que sirvam de parâmetro para as ações humanas.

Entre nós, portanto, a ética é um acessório, não uma base. É um tema pouco familiar, que só mais recentemente começa a fazer parte do mundo dos negócios e da agenda política. Nas redações jornalísticas, também é um alienígena. Aí, porém, a estranheza diante dele adquire um contorno paradoxal: a recusa em discutir ética em público se manifesta como se fosse afirmação de independência. Os jornalistas se recusam a prestar contas a quem quer que seja. O paradoxo, contudo, é apenas aparente: o não-falar de ética parece querer exprimir uma atitude de autonomia perante esferas externas, como a do poder e a dos negócios, mas no seu fundamento essa pretensa autonomia é apenas arrogância. Pode-se dizer que a arrogância jornalística não é outra coisa senão a afirmação de uma auto-suficiência ética. É como se a imprensa proclamasse: minha função é informar o público, mas os meus valores não estão em discussão, os meus métodos não são da conta de mais ninguém — eles são bons, corretos e justos por definição.

Na tradição brasileira, a dificuldade em lidar com o tema da ética pode ser tomada como um denominador comum entre o governo, a empresa e a imprensa. O que varia de uma esfera para outra é a forma como o denominador comum se manifesta. No governo, ele se expressa pela tendência da burocracia a sobrepor sua racionalidade opaca a todo tipo de demanda socialmente legítima. Aí, o único valor possível (e não declarado) a ser perseguido é a manutenção e a ampliação das prerrogativas da máquina estatal: os outros valores se subordinam a esse. Na empresa, o denominador comum se traduz na não-relativização do imperativo do lucro imediato em face de benefícios coletivos de longo prazo. E entre um e outro, ou seja, entre a lógica estatal do governo e a lógica privada da empresa, a ausência da discussão ética tende a produzir um outro efeito: ajuda a abrir caminho, de um lado, para a privatização das finalidades da administração pública e, de outro, para a proteção, pela máquina do Estado, de negócios particulares. Já na imprensa, a má vontade diante do tema se manifesta na conhecida arrogância.

A influência do autoritarismo

A arrogância na imprensa pode ter uma explicação histórica. No embate com lobistas de grupos econômicos e com mensageiros do governo dispostos a interferir no curso das coberturas jornalísticas, a grossura no trato às vezes é uma maneira eficaz de manter a distância devida. Diante de forças que agem em surdina, que não admitem o menor grau de transparência quanto a seus próprios métodos, a imprensa não teria outra maneira de resguardar sua independência que não fosse fechar-se, ela também, em barricadas, torres e muros bem altos e espessos. Isso é ainda mais verdadeiro quando se leva em conta que, entre 1964 e 1985, o Brasil viveu sob o estado ditatorial imposto pelo regime militar, que incluiu a censura à imprensa — e também a prisão, a tortura e o assassinato de jornalistas. Não há o que conversar com gente que defende a censura. Não há o que dialogar com quem quer subornar. E, num momento histórico em que é impossível distinguir quem é quem, não há por que perder energias procurando canais de diálogos deontológicos. A "casca grossa" é útil. Ou, no mínimo, tem razão de ser.

Olhando para o passado recente do Brasil, nota-se que, sem a "casca grossa" desenvolvida pelas redações para se proteger da prepotência estatal e do tráfico de influência dos corruptos, é provável que a democracia brasileira estivesse hoje mais atrasada do que está. Pelo menos, com arrogância ou não, os jornalistas se protegeram para fazer jornalismo. Fizeram-no sem ter de falar de ética. Em lugar de falar, agiram eticamente ao realizar boas reportagens e dar notícias relevantes. Além de informar o público, garantiram com o seu trabalho a construção da democracia contemporânea e a liberdade de imprensa. Não fossem as reportagens que expuseram a prática da tortura, as mordomias e a corrupção, entre tantas outras, o regime militar talvez durasse um pouco mais do que durou.

A democracia atual no Brasil deve muito ao jornalismo. Eticamente, isso fala mais alto que a ausência de seminários periódicos sobre o assunto. Fazer bom jornalismo já foi uma atitude ética. E aqui chegamos à razão prática da auto-suficiência ética que caracteriza as redações. O fazer jornalístico pressupõe uma ética, mas não depende de discorrer sobre ela. É como se fazer jornalismo bem-feito, vale dizer, *eticamente* bem-feito, não dependesse de pensar sobre essa ética nem de discuti-la. Isso é em parte verdadeiro e precisa ser compreendido. Entre um jornalista que não é lá muito versado nas doutrinas filosóficas de onde vêm os estudos éticos, mas faz o seu trabalho com brilho, e um outro que conhece todos os códigos, mas tem uma ponta de preguiça diante do trabalho de reportagem, o primeiro é muito mais útil à sociedade. Passemos, portanto, às razões práticas.

A necessidade prática da velocidade e da qualidade

O jornalismo já é em si mesmo a realização de uma ética: ele consiste em publicar o que outros querem esconder mas que o cidadão tem o direito de saber. Isto é a notícia: a informação que, uma vez revelada, afeta as expectativas do cidadão, do consumidor, do homem e da mulher comuns quanto ao mundo que os cerca, quanto ao futuro ou quanto ao passado. Notícia não é apenas uma "novidade". É uma novidade que altera o arranjo dos fatos, dos poderes ou das idéias em algum nível. A notícia incide, portanto, sobre as relações humanas: ela é socialmente notícia. Ou não é. O jornalismo não lida prioritariamente, portanto, com a "divulgação" de relatos. Ao contrário, sua justificativa é descobrir segredos que não se quer divulgar. Seu objeto primordial não é difundir aquilo que governos, igrejas, grupos econômicos ou políticos desejam contar ao público, embora também se sirva disso, mas aquilo que o cidadão quer, precisa e tem o direito de saber, o que não necessariamente coincide com o que os outros querem contar.

Logo, a notícia sempre tem uma vítima, e a primeira vítima (não a única) é aquele que perde com a divulgação de uma informação que era guardada em segredo. Com um detalhe: se um perde, há quem saia ganhando. Um deputado que aparece como corrupto no noticiário certamente sai perdendo; o seu adversário político vai comemorar. Se uma empresa é retratada como má pagadora, sua concorrente lucra. Quando um produto qualquer, uma tinta de parede, uma fita de vídeo, um automóvel, é criticado como caro demais, ou como defeituoso, ou como lesivo ao consumidor, as outras marcas se aproveitam para conquistar os fregueses que ficaram órfãos. Isso cria em torno da imprensa um jogo de interesses que não tem fim. O que não falta são grupos, empresas e personalidades que "preferem não se identificar" oferecendo notas exclusivas com a finalidade de prejudicar uma infinidade de outros grupos, empresas e personalidades. Para lidar com o emaranhado de pressões, as redações precisam se organizar como departamentos independentes no interior das empresas — sobretudo independentes do departamento comercial, que lida com os anunciantes. Mas é preciso também que os jornalistas, individualmente (em especial os que trabalham em editorias de política), zelem por sua autonomia perante partidos, igrejas, grupos econômicos, movimentos sociais. Tudo para evitar que o conflito de interesses, reais ou aparentes, prejudique a apuração dos fatos e sua publicação com autonomia.

Entre tantas pressões e tantos interesses, e com a centralidade cada vez mais hegemônica dos meios de comunicação nos espaços públicos, o poder de decisão que repousa nas chefias dos melhores veículos de informação é considerável. Um editor e, acima dele, um diretor de redação operam com uma gama de múltiplas alternativas que requerem deliberações a cada hora. No rádio ou na internet, as tomadas de posição editoriais ocorrem minuto a minuto. É preciso resolver qual informação será publicada, com que destaque, com que fundamento — e, ao resolver esses dilemas, uma redação está determinando quem pode sair ferido e quem pode levar vantagem. Não só isso. Há um trabalho logístico que também requer soluções imediatas: quantos repórteres serão deslocados para a cobertura A, quantos serão retirados da cobertura B, que pessoas serão entrevistadas, qual matéria será sepultada para que uma nova, e mais relevante, entre em seu lugar; como ganhar tempo e editar uma história exclusiva antes que a concorrência possa tomar conhecimento dela.

Uma série de resoluções no cotidiano jornalístico são resoluções solitárias. Não há tempo para debatê-las em equipe, não há condições técnicas nem práticas de ouvir todas as opiniões, ponderá-las, voltar a avaliar. E, toda vez que uma opção é feita, alguém perde e alguém ganha. Não apenas do lado de fora, mas também dentro da redação. Na eterna briga pelo prestígio, pelo crédito, pelo reconhecimento e pelo progresso profissional, ganham os repórteres e os editores escalados para tocar a matéria que vai brilhar, que vai ser o carro-chefe da edição. Perdem os que vão assumir os assuntos secundários. Fora da redação, perdem os que serão desmascarados — e ganham os que serão elogiados ou, às vezes, ignorados. Passar despercebido pela imprensa é o inferno dos escritores, dos atores, dos cantores, das socialites — e o paraíso de alguns empresários e políticos cujas condutas são lucrativas, mas discutíveis.

Em suma, toda decisão jornalística é uma decisão que gera efeitos éticos. Mas se, para ser tomada, ela precisasse de seminários e colóquios, o jornalismo seria uma quimera. Seria impossível. Por isso, há razões práticas no fazer jornalístico que vivem adiando os debates éticos, muito embora a responsabilidade ética dos que chefiam as redações seja enorme. No dia-a-dia de uma redação, os motivos que embasam cada mudança de curso precisam ser sólidos e fundamentados, mas dificilmente podem ser debatidos no calor das deliberações — não há tempo. Serão então sólidos, fundamentados e... silenciosos. Assim, para que uma redação funcione bem, os chefiados precisam confiar nos chefes — e sentir que aprendem com eles. Às vezes, confiar significa confiar cegamente. Significa ouvir: "A sua matéria caiu" (não será publicada). E significa aceitar. Depois, mais adiante, quando o fechamento tiver passado, a questão talvez seja rediscutida — isso se o chefe achar que o jornalista inconformado merece tal investimento. Se não houver a confiança, ouvir que uma matéria "caiu", ou seja, ouvir a condenação à morte de um trabalho de horas, dias ou semanas será o início de uma conflagração. Ocasionalmente, é uma conflagração. E, quando é, o motivo da briga é ético: joga-se em suspeita a atitude de quem não quer publicar alguma coisa que ferirá interesses de alguém.

A confiança nas atitudes dos chefes pode ser apenas tácita — mas é indispensável que, na média, ela dê o tom na redação. Claro que os chefes também precisam confiar nos seus subordinados, nas informações que eles trazem da rua e nas fontes que eles consultam, mas isso é uma outra história. Aqui se trata da confiança necessária à legitimação das decisões solitárias da chefia. Trata-se da confiança que sedimenta o poder interno da redação, já que esse poder tem um inevitável componente monárquico. As redações têm uma estrutura hierárquica que não é, por natureza, uma democracia de tempo integral. As decisões cruciais precisam ser rápidas e, sendo rápidas, não podem ser muito negociadas. A dinâmica da tomada de decisão é por vezes mais do tipo militar que do tipo comunitário. Por mais abertos ao diálogo que sejam os chefes das equipes jornalísticas, por mais "democráticos" e amigáveis que sejam, e é preciso ser, jamais escapam das deliberações solitárias — e, se quiserem fugir às decisões solitárias, serão maus chefes e maus jornalistas. Pois serão lentos.

Um jornalista que comanda uma equipe corre contra o tempo. Decide o destino das reputações alheias apostando corrida contra o ponteiro de minutos, que teima em girar naquela maldita parede da redação. Daí que, quando alguém aparece diante dele para discutir ética, assalta-o a impressão de estar frente a frente com um lunático que se julga capaz de parar o relógio para tergiversar sobre a natureza da humanidade, das coisas e suas implicações. Sexo dos anjos. Ora, isso não o ajuda em nada, ele pensa (ou nem pára para pensar), não suspende a tirania dos minutos, que conspiram contra a exclusividade da informação. Quem comanda no jornalismo quer derrotar o relógio. O mesmo acontece com o repórter que se apressa pela cidade, que vai atrás de seus entrevistados, que segue alguém sem ser notado ou que disputa um detalhe exclusivo da história que já foi descoberta por outros veículos. Se ele não obtiver o detalhe que faz a diferença, os seus leitores, telespectadores, ouvintes ou internautas receberão marmita com ração requentada em lugar do quitute que merecem. Então, o repórter quer a notícia e mais nada. Ele quer essa notícia com mais profundidade e com mais rapidez do que todos os outros. Ainda bem que é assim. A existência desse repórter e do seu chefe, obcecados pela notícia, deve ser saudada pelo público. Quanto mais eles tiverem fome de notícia, melhor. Buscar e publicar a notícia é seu primeiro dever ético. Sendo bons profissionais, os jornalistas são éticos.

É bom que seja assim. Mas é inadmissível que seja só assim. Fazer jornalismo sem refletir sobre jornalismo já não basta. Se há razões que explicam a má vontade dos jornalistas quando o assunto é ética da imprensa — razões que podem ser atribuídas à tradição da cultura política no Brasil e à vigência de regimes autoritários —, a persistência da má vontade num ambiente relativamente mais democrático já não aparece como sinal de força, mas enfraquece a imprensa. O isolamento se volta contra quem se isola. Na ditadura, o jornalismo desenvolveu uma cultura que recusava diálogos questionadores de seus métodos e procedimentos. Assim, protegia-se contra os conspiradores que, lançando mão de argumentos falaciosamente éticos, ameaçavam a liberdade de imprensa. À medida que se expandem os espaços democráticos, porém, a sustentação da imprensa passa a depender menos de seus segredos e muito mais da legitimação social. Quanto mais é democrática a sociedade, menos basta aos jornalistas oferecer ao público *apenas* notícias de relevância em primeira mão: é necessário também compartilhar com o público os métodos e processos que envolvem a apuração e a edição das informações que são tornadas públicas. Logo veremos por quê.

A razão de ser do repórter, de um editor ou de um repórter fotográfico não é a empresa que lhe paga o salário, mas a existência do direito à informação, o qual pertence ao cidadão. Este é o destinatário do trabalho jornalístico e, no final da linha, quem paga a conta é ele: é ele quem compra o jornal ou a revista e é ele que os anunciantes querem conquistar quando investem altas somas em publicidade. Ora, quando a imprensa se recusa a discutir ética com esse cidadão, está se recusando a prestar contas a quem a sustenta. Não faz sentido. Sobretudo porque a imprensa não é simplesmente um "serviço" de oferecer notícias ao público, não importando a que custos e por que meios. A imprensa é a materialização de uma relação de confiança e o que sedimenta a confiança é uma prática ética.

Falar de ética é discutir sexo dos anjos? Sim, com freqüência. Mas não falar é omitir-se de prestar contas: é desautorizar a democracia. Falar de ética é uma armadilha posta no caminho da imprensa pelos inimigos da imprensa? Às vezes; basta lembrar dos corruptos que posam de vítimas da invasão da "privacidade" quando, de fato, se escondem atrás de negócios particulares para lesar a coisa pública. Mas fugir a essas armadilhas, aos olhos do público, é dar razão a elas — e o melhor jeito de enfrentar tais armadilhas é mostrar que elas não passam de sofismas, de castelos de cartas de ilusionistas. Falar de ética implica entrar em debate com o chefe ou com o patrão? Bem, pode acontecer. Aqui, a questão só depende da maturidade das partes. Já existem chefes e patrões que conseguem conviver com a diferença. Alguns até a estimulam. E, depois, o bem mais precioso na vida de um jornalista não é o seu emprego, mas a sua credibilidade. Por isso é correto presumir que tudo o que se pratica no campo do jornalismo, da apuração dos fatos à edição final do que será visto pelo público, é do interesse e da conta do cidadão. É preciso saber que o direito de ser informado inclui o direito de saber *como* se é informado, o direito de opinar sobre os métodos e de optar entre um veículo e outro com base nisso. Mais ainda: o cidadão tem preparo suficiente para tomar partido em relação a dilemas éticos e também técnicos do jornalismo.

O jornalismo não é uma atividade estranha ao dia-a-dia democrático. Ao contrário, é tanto melhor quanto mais forte é a democracia. O fazer jornalístico é uma técnica perfeitamente acessível a qualquer um que esteja familiarizado com a vida democrática, ou a qualquer um que tenha abraçado as causas democráticas. Isso faz do jornalismo um ofício único — e definitivamente enraizado nos valores cultivados pelo homem comum. Apenas a título de comparação, a química, a física nuclear ou a pesquisa genética não têm a mesma característica. O homem comum não tem o que dizer sobre o modo de se misturarem duas substâncias determinadas a uma pressão artificialmente elevada, não sabe distinguir as etapas da fusão nuclear nem é capaz de apontar com o dedo onde fica o trecho do filamento cromossômico responsável pela síndrome de Down. A técnica dessas ciências ou tecnologias escapa ao não-especialista. Só a sua ética, desde que vista à distância, em linhas gerais, não escapa. O homem comum tem, sim, opiniões autorizadas quando o debate é ético, seja esse debate sobre química, física ou genética. Por exemplo: devem-se clonar seres humanos? Um professor de português, ou um farmacêutico, ou um modelo profissional, todos têm o que dizer a respeito. Nenhum deles será capaz de produzir um clone em laboratório, mas todos possuem plena autoridade para opinar sobre a questão ética, e tomam parte nas decisões que se produzem nesse plano. A ética é da esfera do cidadão — e a técnica se restringe aos especialistas. Na democracia, porém, a técnica deve, ao menos em termos ideais, buscar uma subordinação às decisões éticas socialmente compartilhadas.

A ética, nessa perspectiva, é o campo em que se estabelece o sentido comum — social — de um fazer específico; é o campo em que se definem os benefícios comuns que devem ser promovidos por esse fazer específico e os limites além dos quais esse fazer não está autorizado a ir. À luz dessa comparação, se voltarmos ao jornalismo, verificaremos que, nele, a técnica e a ética não pertencem a territórios separados, mas estão no mesmo lugar. Praticamente não se distinguem. Por isso, o homem comum tem todas as credenciais para tomar parte num debate sobre todos os aspectos do jornalismo, éticos ou técnicos. Está certo ou errado um repórter mentir para um entrevistado se dizendo eletricista para ver e ouvir aquilo que seria escondido a um jornalista? É correto ou incorreto "melhorar" a frase de um entrevistado, escrevendo entre aspas, como se fossem dele, expressões que ele nunca disse de fato, só para dar mais "emoção" e impacto ao texto final? O homem comum tem o que dizer sobre tudo isso, e tem o direito de dizê-lo e de conhecer as condutas daqueles encarregados de informá-lo. Ele sabe que uma mentira é uma mentira, sabe que um plágio é um plágio — e sabe também que mentir ou plagiar são práticas abjetas. A ética e a técnica do jornalismo estão na dimensão do homem comum — longe dele, elas se perdem.

Não que o jornalismo deva reproduzir os preconceitos típicos do senso comum. Não é disso que se trata. Como é sabido, cabe à imprensa o dever de formar, de esclarecer e de abrir para o público o acesso não apenas à informação, mas do mesmo modo à educação e aos caminhos do conhecimento, guardando também em relação ao senso comum uma distância crítica. O jornalismo só faz sentido na democracia, na observância dos direitos humanos, numa sociedade que cultive a pluralidade e as diferenças de opinião. Na defesa desses temas, é bom frisar, o jornalista nunca é isento, neutro e equânime, mas sempre é um militante. O jornalista é democrata por definição — pelos próprios pressupostos institucionais que alicerçam o ofício. Quem não é democrata não pode ser jornalista. O jornalismo a favor de uma ditadura é algo tão despropositado quanto um sindicato a favor do pelourinho. O efeito político do bom jornalismo é o fortalecimento da democracia: esta é a sua causa nobre. Por isso o jornalismo é, ou deve ser, ou deve-se esperar que seja, um fator de educação permanente do público — um fator de combate aos preconceitos, sejam eles quais forem. Dizer que o jornalismo planta suas raízes na ética do homem comum, portanto, não significa torná-lo submisso aos preconceitos que caracterizam o senso comum. Significa apenas excluir a possibilidade de que ele, jornalismo, possa buscar sua ética num campo alheio ao do debate democrático. Ele se constrói no diálogo crítico da cidadania — e não fora dela. Como a própria democracia. É nesse sentido que a ética e a técnica do jornalismo estão na dimensão do homem comum. É também nesse sentido que a ética e a técnica do jornalismo não se separam.

Quando a técnica depende da ética, e vice-versa

Indo mais adiante, pode-se dizer que as exigências éticas

do jornalismo aprimoram sua qualidade técnica. O professor de ética jornalística Carlos Soria, da Universidade de Navarra, na Espanha, costuma sintetizar em suas conferências esse princípio com a seguinte fórmula: "Ética é igual a qualidade de informação". Se a informação tem qualidade, ela necessariamente foi apurada e editada com ética. Se a ética foi atropelada, a informação resultará tecnicamente débil. Essa noção não falha nunca. E vem se tornando um consenso entre as muitas correntes que pensam a respeito do jornalismo. O *Manual de redação e estilo* de *O Globo* afirma: "As exigências éticas não prejudicam a prática do jornalismo; ao contrário, elevam a qualidade da informação".[1]

Não é difícil entender por quê. Dar voz aos dois lados de uma mesma história, quando há dois lados que nela se enfrentam, é uma exigência ao mesmo tempo ética e técnica do jornalismo. Procurar a verdade dos fatos é um imperativo ético — e é, também, o objetivo de toda a técnica jornalística. Em nenhum aspecto haverá contradição entre técnica e ética jornalísticas. Aliás, a competência e as habilidades técnicas são requisitos para a realização da ética. Tanto que os Cânones do Jornalismo, um código ético adotado nos anos 1920 pelo Comitê de Ética da American Society of Newspaper Editors, trazem logo no início uma descrição daquelas que devem ser as habilidades do jornalista para bem realizar sua profissão, ou seja, para bem realizar *a ética* de sua profissão: "A função primária dos jornais é comunicar à raça humana o que seus membros fazem, sentem e pensam. O jornalismo, portanto, exige de seus praticantes o mais amplo alcance de inteligência, de conhecimento e de experiência, assim como poderes naturais e treinados de observação e raciocínio". O talento e as competências estão a serviço da qualidade da informação, que, no limite, é o sentido da ética da profissão. Trata-se, afinal, de "comunicar à raça humana o que seus membros fazem, sentem e pensam" da maneira mais objetiva, equilibrada e fiel possível.

Em poucas palavras, trata-se de não tapear a raça humana

nessa comunicação. Trata-se de não mentir — e de não deixar mentir. Tem razão Bernardo Kucinski, jornalista e professor da Escola de Comunicações e Artes da Universidade de São Paulo, ao dizer, em *Jornalismo econômico*, que o jornalismo, enfim, "define-se por uma ética".[2] Ou seja, o jornalismo não se define como algum tipo de arte (embora também lide com a estética), nem como técnica (embora requeira habilidades técnicas); define-se apenas por uma ética, uma ética baseada no combate à mentira ou, noutra perspectiva, na busca da verdade dos fatos — não da verdade metafísica, nem da verdade religiosa, muito menos da verdade científica, mas simplesmente da verdade dos fatos.

Pode parecer uma pretensão modesta, a do jornalismo. Mas na realidade ela é uma pretensão tão vasta que talvez seja inalcançável. No fundo da ética jornalística dorme um problema do tamanho do mundo. A verdade dos fatos existe? Existe um relato perfeitamente neutro e isento? A objetividade perfeita é possível? Não, não e não. A verdade dos fatos é sempre uma *versão* dos fatos. O relato, qualquer que seja ele, é um discurso e, como tal, é inevitavelmente ideológico: mesmo quando sincera e declaradamente não opinativo, o relato jornalístico é encadeado segundo valores que obrigatoriamente definem aquilo que se descreve. A objetividade perfeita nunca é mais que uma tentativa bem-intencionada. Denis Diderot disse certa vez: "Deve-se exigir de mim que eu procure a verdade. Não que a encontre". A frase serve de consolo a todo repórter e todo editor no final de uma jornada. Mas só procurar a verdade não basta. É preciso entregar ao público, pelo menos, alguma pista a mais. Do jornalista, deve-se esperar que ele procure a verdade, mas não só: deve-se esperar que ele faça um progresso, por mínimo que seja.

De todo modo, "a" verdade definitiva, ele jamais encontrará. Ninguém que paga alguns trocados pela edição de um jornal diário está autorizado a pensar que encontrará em suas páginas toda a verdade, mas apenas as notícias da véspera, como já advertia em 1922 o jornalista americano Walter Lippmann, em seu livro *Public opinion.*[3] E olhe que, se as notícias estiverem bem escritas, bem fotografadas, bem infografadas e bem editadas, os trocados já terão valido muito. O público sabe disso muito bem.

Se não pode oferecer "a" verdade, o que a imprensa pode então proporcionar? *Ela pode oferecer confiabilidade*. Por isso, como já foi dito, a imprensa é a materialização de uma relação de confiança, e não simplesmente um serviço de fornecimento de produtos informativos para o consumo. O relato jornalístico precisa guardar um mínimo de confiabilidade — um mínimo sem o qual a autoridade da imprensa estará perdida. Há, então, um pacto entre os órgãos de imprensa e seus consumidores-cidadãos segundo o qual esses órgãos são autorizados a contar o que se passa pelo planeta, no plano dos fatos e no plano das idéias, e segundo o qual aquilo que contam merece o crédito de verdade aproximada. E provisória. A verdade jornalística é tão durável quanto as páginas do jornal: hoje, trazem uma reportagem que pode decidir a queda de um ministro de Estado; amanhã, vão servir de assoalho à gaiola de um curió. De novo, é o caso de dizer: o público sabe disso muito bem.

A verdade precária e a confiabilidade duradoura

A verdade da imprensa é por definição uma verdade precária — sua força não virá jamais da veracidade total, de resto impossível, mas de sua transparência em lidar com as limitações que lhe são congênitas. Se a verdade é precária, a credibilidade da imprensa pode ser duradoura. Ela só depende do vínculo de confiança. Daí procede a essencialidade da discussão ética quando se trata de conferir qualidade ao jornalismo. A confiabilidade e a credibilidade advêm da atitude, em relação aos fatos e ao público, daqueles encarregados de relatar os fatos a esse mesmo público — já não vêm da empáfia de quem não admite ser desmentido jamais, nem mesmo pelos fatos.

Que efeitos produz no público a postura de auto-suficiência de um órgão de imprensa que repele todo questionamento ético? O primeiro efeito é o da percepção de arrogância, que é cada vez menos temida e cada vez mais reprovada pelas pessoas comuns. Um outro efeito é a impressão de que o veículo arrogante acredita (ou finge acreditar) que aquilo que publica é "a" verdade: *o que está publicado é o que é*. É como se esse veículo dissesse o seguinte: aí está, respeitável público, a verdade dos fatos, e é só isso que lhe cabe — como essa "verdade" foi apurada, que critérios nós adotamos, bem, não é da sua conta. Ora, quem age assim não é jornalista — talvez se imagine profeta.

Mas há outros efeitos perversos no comportamento dos que se encastelam. A recusa à discussão ética significa recusa ao diálogo — não apenas ao diálogo interno, mas ao diálogo com o outro, com aquele que lhe é exterior —, e o não-diálogo fecha os jornalistas em si mesmos, de tal modo que sua atividade cotidiana se converte na sua única referência ética. O que é um contra-senso. Uma corporação, qualquer uma, que estabelece para si mesma os parâmetros entre o certo e o errado, que se basta nessa matéria, perde o juízo. Perde-o porque perde de vista o fato de que ela existe *em relação ao outro*, em relação àquele que lhe é exterior, e toma a si mesma como a encarnação da virtude.

Num ambiente profissional em que prevalece a auto-suficiência ética, a hierarquia funcional se transforma em hierarquia da virtude. À medida que sobe na hierarquia, mais habilitado está o sujeito para dirimir as dúvidas entre o bem e o mal até que, no seu topo, ele se enxergará acima do bem e do mal. Para efeito de comparação, é mais ou menos como a Igreja católica: padres prestam contas a bispos, que se reportam a arcebispos, numa pirâmide que culmina no papa, o qual é infalível por definição e por dogma — pois, segundo a crença católica, é o sucessor de Pedro na Terra, em linha direta com Deus. Se não fosse assim, a hierarquia da Igreja católica não faria sentido. Mas entre os jornalistas, que representam o direito à informação tal como ele foi gerado pela modernidade laica, cuja existência não se apóia na fé, mas na razão e, mais ainda, na razão lastreada nos direitos democráticos, a hierarquia funcional não deve se elevar acima da sociedade, e sim, ao contrário, deve estar a serviço dela, subordinada a ela. Se não for assim, o jornalismo é que não faz sentido. Por isso, a "infalibilidade papal" que às vezes parece estar prestes a reeditar-se no interior de algumas redações é um sintoma clássico de falta de juízo. Quando o jornalismo imagina bastar-se a si mesmo como referência ética, o efeito é que o chefe tende a encarnar o modelo moral absoluto para o subordinado; o chefe do chefe é o supra-sumo da virtude até que, no alto da hierarquia, o rei dos reis, ou melhor, o diretor dos diretores nada vê acima de suas sobrancelhas. Nem mesmo Deus, já que Deus não há para o jornalismo. O papa católico, é bom lembrar, ajoelha-se diante daquele que está mais alto, Deus. Já o diretor dos diretores, ou o patrão dos patrões, este não se dobra a mais ninguém quando acometido da síndrome da auto-suficiência ética. Eis então que o chefe dos chefes se olha no espelho quando precisa se perguntar acerca de seus limites. Ele é o juiz de si. Ele pode fazer tudo o que julgar correto, o que o leva a julgar correto tudo quanto possa fazer.

Se a corporação perde o juízo, seus dirigentes perdem o senso. É claro que nenhum jornalista e nenhum patrão de jornalistas podem tudo, de fato. Há sempre a possibilidade de que a sociedade os desautorizará, de que outros jornalistas os questionarão. O ponto, porém, não é esse. O ponto é que, entronizado na cultura da auto-suficiência ética, alguém há de experimentar a ilusão de que pode encarar os dilemas entre o certo e o errado sem cerimônia, sem humildade e sem a lembrança de que seu papel é apenas servir o cidadão. Nesse instante, o jornalista ou o patrão dos jornalistas se sente acima do bem e do mal. E ao julgar-se mais, ao imaginar-se acima, ao pensar que não precisa prestar contas de seus métodos e de seus valores a mais ninguém, estará corroendo a função social que um dia fundou sua profissão. Sua auto-suficiência no fundo é uma ilusão, mas é exatamente assim, como ilusão, que ela é nefasta. Mata a qualidade de informação. Aí, o jornalismo, em lugar de um método ético para buscar a verdade dos fatos, sempre frágil, torna-se fonte da verdade. Torna-se impostura.

Por isso, a pretensão da auto-suficiência ética é a negação do jornalismo. E é também a negação da ética, pois esta, afinal, funda-se no reconhecimento do outro como parte solidária e não como estranho a ser calado ou eliminado — a ética é a busca e o cultivo de valores capazes de orientar a conduta de cada um para tornar melhor e mais profícua a convivência entre todos. A ética não tem um dono, nem pode ter. Quem se julga dono da auto-suficiência ética julga-se dono da ética e age como se prescindisse da convivência. É um louco, um pária ou um tirano. O jornalismo que não dialoga sobre seus próprios métodos e procedimentos não é nem ético nem informativo — e aqui, outra vez, a ética e a técnica se esclarecem reciprocamente. Assim como o bom texto numa revista depende da inspiração que busca na literatura e em outros veículos jornalísticos, a ética de uma profissão como esta só existe com base na ética adotada pela convivência entre os homens comuns na sociedade. Se uma revista imagina ser ela mesma o modelo de seu próprio texto, cairá fatalmente numa autofagia destrutiva, copiando-se a si mesma até o paroxismo. Do mesmo modo, o jornalismo como um ambiente profissional só pode desenvolver sua ética *na relação com os outros*, com outros campos profissionais e sociais, com outras pessoas, outros ofícios e, finalmente, com *outras formas de busca de verdades*. Se o jornalismo fechado em si pôde um dia ser visto, com alguma boa vontade, como uma reação legítima e explicável, hoje ele é apenas um traço cultural a ser superado.

3

INDEPENDÊNCIA E CONFLITO DE INTERESSES

Embora o telejornalismo brasileiro seja pródigo em distorções para fins eleitorais e embora a cultura das redações tenda a considerar o debate ético público uma perda de tempo, o princípio da independência editorial é um valor publicamente assumido pelas maiores empresas de comunicação. "Manter sua independência" constitui o primeiro dos dez preceitos do Código de Ética da Associação Nacional de Jornais (ANJ). O mesmo princípio aparece também como o primeiro dos oito artigos do Código de Ética da Associação Nacional de Editores de Revistas (ANER): "Manter a independência editorial, trabalhando exclusivamente para o leitor". Independência editorial, portanto, significa manter a autonomia para apurar, investigar, editar e difundir toda informação que seja de interesse público, o interesse do cidadão, e não permitir que nenhum outro interesse prejudique essa missão.

Sem dúvida, há enormes distâncias entre o que prometem os códigos e a prática tortuosa de boa parte das revistas e jornais. Uns e outros não trabalham sempre "exclusivamente para o leitor", mas levam em conta interesses de anunciantes, governantes e outros agentes sociais na hora de informar o público. Acabam desinformando. Isso, contudo, não elimina o fato de que a independência unifica as empresas jornalísticas brasileiras como um valor a ser buscado, nem que seja como um ideal. O que tem uma enorme importância. Quando algum veículo abre mão de sua independência, está atentando contra um princípio voluntariamente adotado por todos — está cometendo um deslize, traindo a expectativa da sociedade e a confiança de seus pares. Ninguém que abre mão de sua independência pode fazê-lo pública e explicitamente; precisa agir de forma indigna, precisa acobertar o desvio, escondê-lo ou, no mínimo, revesti-lo de justificativas nobres.

Também entre os jornalistas a independência é um valor enraizado. O Código de Ética da Federação Nacional dos Jornalistas (Fenaj) traz como primeiro artigo as seguintes palavras: "O acesso à informação pública é um direito inerente à condição de vida em sociedade, que não pode ser impedido por nenhum tipo de interesse". E isso, mais que uma regra escrita como valor mais alto, integra a cultura da categoria. A independência faz parte do brio profissional. Assim, tanto por pressão da cultura dos jornalistas como por estratégia das próprias empresas, as maiores redações brasileiras desfrutam de autonomia para tomar decisões editoriais sem prestar contas à área responsável pela venda de espaço publicitário. Os jornalistas têm, de fato, boa margem de liberdade para investigar, apurar e editar as notícias. Ora, perguntará o leitor, então quer dizer que os jornalistas podem publicar uma reportagem que prejudique um grande anunciante da casa? Embora o senso comum sempre duvide dessa possibilidade — e é prudente duvidar —, a resposta é afirmativa: é claro que podem. Nas melhores revistas e nos melhores jornais do Brasil e do exterior, é assim que funciona. Basta que a história a ser publicada atenda aos requisitos da verdade dos fatos e da relevância — como, aliás, todas deveriam atender. O jornalismo tem meios assegurados para se fazer prevalecer sobre os melindres comerciais e para dar a notícia que deve ser dada. Os exemplos são muitos.

É verdade que também há exemplos, igualmente numerosos, de empresas e de jornalistas que se curvam aos queixumes de anunciantes e se antecipam na servidão aos governantes, mas a regra geral é o princípio da autonomia das redações. Trata-se de um dogma da imprensa liberal, ou, mais precisamente, um dogma próprio do liberalismo. Ele não constitui por si só uma garantia de retidão e qualidade na imprensa, mas corresponde ao atendimento de uma exigência clássica da ordem democrática: a de que toda informação e todo conhecimento estejam, em princípio, ao alcance de todos. Não fosse a necessidade de atender a essa exigência, o jornalismo não teria sido forjado pelo século das luzes como um instrumento da cidadania. Nessa perspectiva, a independência editorial é o que materializa, no cotidiano, o instituto da liberdade de imprensa. Isto é: a democracia garante a liberdade de imprensa, e a independência editorial é o requisito prático para que a liberdade de imprensa ganhe corpo e vida própria. A independência editorial, portanto, tornou-se pressuposto obrigatório para que, em nome do cidadão, se investiguem, se escrevam e se publiquem as notícias. Quem entra no ramo de informar o público tem que oferecer informação independente, isto é, *informação voltada exclusivamente para atender o direito à informação*. De sorte que, embora a imprensa seja um negócio comercial e a notícia seja mercadoria, e embora jornais, revistas, emissoras de televisão e rádio e os sites jornalísticos na internet sejam rotineiramente transformados em instrumentos do poder econômico ou do poder político, a expectativa da sociedade continua a exigir, ainda que tacitamente, a independência editorial.

Esta, entretanto, não pode ser compreendida como uma conquista definitiva. Ela é mais forte ou mais fraca, de um modo geral, à medida que as instituições democráticas são mais fortes ou mais fracas. É a resultante não da vontade dos jornalistas ou do voluntarismo dos donos dos veículos jornalísticos (embora ambos influam), mas da realidade social. Mais exatamente, a independência editorial resulta da tensão entre o grau de cultura democrática, de um lado, e a lógica do capital, de outro; ou entre a justiça social e as garantias individuais, de um lado, e qualquer forma de poder despótico, de outro. Numa sociedade em que não prevalecem as regras básicas de escolha livre dos governantes, onde não há igualdade de condições nas disputas eleitorais, onde o poder não muda de mãos, prevalece o autoritarismo sem muitas mediações. Quando essas instituições têm mais solidez e tradição, ninguém que esteja no negócio de informar o público pode passar sem prestar contas à cidadania. E é para isso que existe a independência editorial: para atender à cidadania. Daí a sua extrema relevância na ética desse negócio.

Duas ordens distintas de forças podem golpear a independência editorial. A primeira é externa; origina-se diretamente do poder político e tem como alvo a liberdade de imprensa. Ela vitima o direito à informação por meio da censura e da repressão a jornalistas e a órgãos de imprensa. Dessa força a ética jornalística não se ocupa, uma vez que ela é exterior à profissão. Tudo o que podem fazer os jornalistas a esse respeito é repudiar toda forma de censura e toda forma de constrangimento à liberdade de imprensa. A segunda força reside no interior mesmo da imprensa, e sua primeira manifestação é o conflito de interesses. Desta, a ética jornalística se ocupa em detalhes. Quando uma empresa jornalística se desvia do preceito tão bem sintetizado pelo Código de Ética da ANER, o de trabalhar "exclusivamente para o leitor", está incorrendo em conflito de interesses, pois pode estar tentando trabalhar para outros interesses que não os do leitor, o que quer dizer: interesses contraditórios com os do leitor. Nessa situação, a independência editorial estará vulnerável. Do mesmo modo, quando um jornalista deixa que o seu valor mais alto, que é o de servir ao direito à informação e, portanto, servir ao cidadão, seja enfraquecido por outro tipo de objetivo — como obter para si vantagens junto a um grupo econômico, ou favorecer uma legenda política, ou proteger uma autoridade pública —, está incorrendo em conflito de interesses. A independência editorial é, então, minada pela conduta do indivíduo.

O conflito de interesses, tanto aquele vivido pelas empresas como o individual, ameaça a independência editorial e a qualidade da informação que os órgãos de imprensa transmitem ao público. Corrói por dentro a liberdade de imprensa. Por isso, combatê-lo não é simplesmente buscar um aprimoramento da prática profissional, mas é defender diretamente o pleno direito à informação.

Boa parte das soluções conhecidas para enfrentar o conflito de interesses tem inspiração liberal, não apenas no sentido político mas também no sentido econômico, isto é, são soluções que foram consagradas como ideais do liberalismo político e sedimentadas como práticas éticas segundo mecanismos próprios do mercado. Essa dualidade não pode ser desprezada. É verdade que a independência jornalística se criou como um princípio da cidadania, como conquista de ordem pública, mas o modo como ela se viabilizou de forma hegemônica no interior das empresas privadas passa por critérios de mercado. Ou seja: embora o direito à informação seja uma garantia legal mantida pelos Estados democráticos, uma garantia cujo lugar é a esfera pública, os procedimentos práticos do jornalismo moderno foram também conformados nas relações capitalistas de produção e de consumo. Por isso, além de conhecer os métodos consagrados pelo mercado para enfrentar toda sorte de conflitos de interesse, é essencial explorar os limites dos mecanismos do mercado para dirimi-los.

O MÉTODO "IGREJA-ESTADO"

A viabilização da autonomia editorial requer medidas que vão além das declarações de princípios. Retórica não basta. Nas empresas comerciais que têm como negócio o jornalismo, é preciso adotar um método específico de administração pelo qual as redações sejam autorizadas oficialmente a decidir os assuntos editoriais sem ter de consultar os setores comerciais da companhia, ou sem ter de passar pelo seu crivo. Assim, busca-se construir uma rotina que equacione os atritos entre as razões do anunciante e o direito à informação representado pelos jornalistas. Há nisso uma vantagem de ordem ética, que é evitar a contaminação do relato jornalístico por interesses estranhos àquele de quem é titular do direito à informação, mas há também uma vantagem operacional: a vida fica muito mais fácil. E é pela vantagem operacional que se pode entender a lógica da autonomia editorial.

Se uma companhia leva a sério sua função social de informar, deve pôr acima de tudo os interesses do cidadão. Menos por amor às aspirações iluministas e mais porque o cidadão, afinal, é o consumidor da informação, é para ele que trabalham os jornalistas. Ao menos teoricamente, não haveria contradição entre o lucro, que é o objetivo de toda empresa, e a satisfação plena do cliente, que é o cidadão. Ao mesmo tempo, porém, se a mesma companhia tem anunciantes como clientes, deve também atendê-los com dedicação e presteza. O problema do conflito de interesses na imprensa comercial começa a existir porque os interesses dos dois clientes (leitores, de um lado, e anunciantes, de outro) freqüentemente são conflitantes. Uma empresa privada que explore o negócio do jornalismo traz em si a marca da dualidade — que é potencialmente um fator de permanente conflito interno.

Pense-se num jornal: às vezes, a missão de dizer a verdade ao leitor significa pôr em apuros um anunciante. E aí? Como ordenar a convivência entre a missão de informar e a dedicação ao cliente-anunciante? Como abrigar os dois lados na mesma empresa? A melhor solução inventada até hoje é uma solução elementar: pondo cada lado para o seu lado. Outra seria retirar inteiramente o jornalismo do universo dos negócios capitalistas, proibindo a existência de empresas privadas dedicadas ao negócio de informar o cidadão, idéia que nunca deu bons resultados para o público. Ao menos até hoje. Portanto, na empresa jornalística, a solução de pôr cada lado para o seu lado ainda é a melhor. Cada um que cuide da sua finalidade. Trata-se de repartir a empresa em duas "metades": uma editorial e outra comercial. As duas metades compõem uma estrutura administrativa bipartida; são dois lados autônomos, separados entre si, de modo que o repórter não precisa conversar com quem vende páginas de publicidade. Nem deve. E vice-versa. A vida de um e a de outro caminham paralelamente.

Com pequenas variações, as companhias de comunicação que desfrutam de mais credibilidade funcionam com base nesse método: traçam uma linha divisória entre as decisões sobre os assuntos editoriais e aquelas que se referem aos anúncios e a todo o lado mais propriamente empresarial, que inclui a gestão financeira, as ações de marketing voltadas para a circulação e a publicidade, a direção de assuntos corporativos etc. Jornalismo de um lado, comércio de outro. Não é um jogo de cena nem uma simples medida de impacto para efeitos de marketing (embora haja efeitos de marketing). É apenas um método específico para a administração dos negócios voltados para bem informar o público.

Por que separar "igreja" de "estado"

No Brasil, há uma expressão emprestada dos norte-americanos que fez escola para designar esse método: "igreja-estado". Ela chegou até nós principalmente pela experiência de sucesso da revista semanal norte-americana *Time*. Após a criação da revista, nos anos 1920, seu dono e fundador, Henry Luce, separou a redação de todo o resto. Temas jornalísticos são decididos à parte, sem que se levem em conta os argumentos das equipes que vendem anúncios ou dos que captam financiamentos em bancos. O jornalismo ("igreja") isolou-se do negócio ("estado"). Antes de tudo, é preciso ter claro que o modelo não faz opções valorativas entre um lado e outro; ele não traz em si a pressuposição de que a "igreja" seja mais nobre que o "estado", ou de que o "estado" seja mais impuro que a "igreja". A separação não tem o sentido de privilegiar um em detrimento do outro. Ela é apenas um método de trabalho, uma medida racional para resguardar tanto a qualidade da informação quanto a qualidade das relações de negócio com os que compram espaços publicitários ou os financiadores. A fórmula evita, por exemplo, que um anunciante, ao comprar uma página na revista, alimente a expectativa de que as reportagens reservarão a ele um tratamento diferenciado. Assim, contribui para limpar as expectativas. Negócios são negócios — e jornalismo fica à parte. Não que o mundo fique cor-de-rosa e que todos os agentes do processo ganhem diploma de santinhos, mas operacionalmente — aqui está o ponto — a vida fica mais clara e muito mais civilizada.

Apenas para enfatizar a vantagem operacional do método, talvez seja o caso de detalhar um pouco mais o que significa a idéia de que o lado jornalístico e o lado de negócios numa empresa de comunicação têm clientes distintos. O cliente do jornalismo é o homem comum, cujos direitos o autorizam a receber informações objetivas, apuradas e editadas tendo em vista o seu interesse de cidadão ou de consumidor — e nenhum outro. Já o cliente das equipes que vendem anúncio é outro, e seus interesses também são outros. Enquanto o leitor paga para saber a verdade dos fatos, o anunciante paga para que o leitor acredite naquilo que a ele, anunciante, convém. Claro: as pretensões do leitor são antagônicas às dos anunciantes. Se tivessem que conciliar uns com outros, o tempo todo, os jornalistas e praticamente todos os funcionários da área comercial se veriam na hesitação diuturna entre trair uns e trair outros. Seriam traidores contumazes e cotidianos, pois não há como satisfazer aos dois simultaneamente.

Um exemplo banal: o anunciante quer que todos pensem que o seu cigarro é o que mais dá charme ao fumante, mas o leitor tem o direito de saber que fumar dá câncer. Dos anos 1980 para cá, as pesquisas que detectam os males causados pelo tabaco vêm conquistando grande destaque na imprensa, o que levou parlamentares e governos de vários países, entre eles o Brasil, a propor leis cerceando a propaganda do cigarro. Com isso, as empresas podem ter perdido a simpatia de alguns anunciantes, mas ganharam credibilidade. Uns poucos veículos preferiram navegar contra a corrente. Foi o que fez uma revista espanhola sobre curiosidades científicas, voltada para o público masculino, que abdicou durante um bom período de publicar reportagens sobre tabagismo para não melindrar seus clientes comerciais. Manteve-os mais felizes, mas perdeu relevância aos olhos do público.

Outro exemplo: um anunciante pretende conquistar a unanimidade dos consumidores brasileiros para as vantagens prometidas pelo automóvel que fabrica, mas o leitor de uma revista especializada ou de jornal tem o direito de saber que aquele modelo acaba de ser aposentado na Europa, onde já foi substituído por outro, mais moderno. A maior parte da imprensa tem preferido dar a informação, mesmo sob protesto do anunciante. São duas situações escolhidas de propósito, para demonstrar que os impasses entre o leitor, o telespectador, o internauta e o ouvinte, de um lado, e o anunciante, de outro, são muito mais corriqueiros do que pode parecer para o grande público. Só com independência editorial é que se pode equacioná-los, pois sem a independência esses impasses nem sequer se poriam como impasses (estariam previamente resolvidos *contra* o direito à informação). O que seria do jornalismo se a cada situação desse tipo fosse necessária uma reunião entre jornalistas e funcionários da área comercial para decidir o que fazer? Ele seria uma incessante queda-de-braço, e a ninguém sobraria tempo para, de um lado, fazer entrevistas, buscar informações exclusivas, pesquisar, investigar, escrever e, de outro, vender espaços publicitários. Seria apenas contemporização, conversa mole, não poderia sonhar com a qualidade. A administração pelo método "igreja-estado" é a única forma de preservar a independência, ao mesmo tempo que pacifica as expectativas dos anunciantes e de outros parceiros comerciais. A separação entre "igreja" e "estado", ou melhor, a "filosofia" que inspira essa separação permite que os jornalistas se dediquem exclusivamente a bem informar o público, e que a área comercial deixe claro aos anunciantes e financiadores, além de outros parceiros comerciais, que não há a possibilidade formal de que eles interfiram indevidamente nos conteúdos editoriais. As regras de relacionamento com os clientes adquirem mais eficácia: o mesmo vale para todos.

Não se pense, porém, que a administração dos impasses seja pacífica e que o direito à informação esteja inteiramente resguardado. Registre-se apenas que a "filosofia" é essa. Entendê-la em sua coerência própria é fundamental — inclusive para criticá-la. Por isso a tentativa, aqui, é descrevê-la segundo a sua lógica interna. Ela começa pela certeza de que quem sustenta qualquer empresa dedicada ao jornalismo não é a publicidade, mas a credibilidade pública. Um engano bastante comum entre leitores, telespectadores, ouvintes, e mesmo entre jornalistas e profissionais de marketing e de publicidade, é supor que a publicidade garante o sustento dos veículos de imprensa. O engano é comum porque se apóia em números verdadeiros, o que o leva a parecer uma verdade objetiva. Quando se examinam as contas de uma revista, por exemplo, verifica-se que 70% ou mais de seu faturamento pode vir da publicidade (o restante viria das vendas em banca e das assinaturas). "O nosso negócio é 70% publicidade", dirá o desavisado. "Portanto, a nossa prioridade é satisfazer o anunciante." Poucos equívocos são tão desastrosos na indústria editorial. Não é incomum que anunciantes inibam um determinado tema (como acontecia com a revista espanhola) ou que sugiram outros com alto índice de sucesso. Há casos em que o anunciante é quem cria uma revista. Em 1995, um único anunciante, a Fiat, patrocinou sozinho no Brasil uma revista sobre automóveis, a *Zero Kilômetro*, que era vendida em bancas e tinha assinantes. O título nasceu e morreu em alta velocidade, mas a idéia de que os anúncios são a sustentação de um órgão de imprensa está longe de falecer.

Na base do método "igreja-estado" está a convicção de que o único alicerce de uma revista ou qualquer outro veículo jornalístico é a sua credibilidade. Uma revista ou um jornal tem leitores porque tem credibilidade. A credibilidade é produzida com qualidade editorial, que pressupõe conhecer o leitor, atender suas necessidades e antecipar-se a elas, fazer valer seus direitos, defendê-lo, informá-lo com exclusividade e em primeira mão, escrever numa linguagem que ele entenda e goste, com a qual ele aprenda e se divirta. Daí nasce a relação de confiança. O público não vai atrás do anunciante, mas o contrário. Este é que vai atrás do público, beneficiando-se legitimamente da relação de confiança que vincula o cidadão-consumidor a tudo aquilo que o jornal ou a revista publicam. Portanto, na lógica que inspira o método "igreja-estado", para atrair e manter anunciantes é preciso cativar, conquistar e manter o público. Não o inverso. Acusam de ingênuos os que acreditam nisso. Ingênuos, na verdade, são os que não acreditam. Há emissoras de televisão que obtêm sucesso omitindo informações ao público. O seu êxito é um êxito comercial no campo das diversões públicas — o negócio dessas emissoras não é prioritariamente o jornalismo. Mas não há uma única publicação jornalística bem-sucedida, no longo prazo, que tenha descuidado por muito tempo da confiança do público e se dedicado a bajular anunciantes.

No rádio e na televisão de canal aberto, cujos conteúdos editoriais são de acesso gratuito, as coisas são um pouco diferentes. Para ouvir o rádio ou ver a TV aberta, o ouvinte ou o telespectador não paga nada. Ele não é, portanto, um cliente direto. Rádios e televisões de canal aberto, assim como boa parte dos sites jornalísticos, têm uma única fonte de receita: o anunciante. Mas até mesmo aí o jornalismo só se impõe pela credibilidade — é preciso ostentar a imagem de independência, pois a simples expectativa de independência vai se tornando inegociável para a opinião pública. Por isso, nem que seja como inspiração distante, um mínimo de "igreja-estado" sempre tem lugar nas emissoras (mesmo nelas, que não têm dois clientes distintos, mas um só, o anunciante), e esse mínimo busca sempre se expressar na edição final dos programas jornalísticos de rádio e TV. A clara separação entre o que é matéria editorial e o que é peça publicitária existe exatamente para tornar imediata a percepção de que os interesses comerciais não invadem a informação. Quando a atração não é um documentário ou um noticiário, mas um show de calouros ou uma obra de ficção, vale tudo em matéria de publicidade. Animadores de auditório anunciam tônicos capilares entre uma cantora e um engolidor de facas. A trama das novelas admite o merchandising, isto é, a aparição de uma mercadoria no meio da cena para anunciá-la disfarçadamente ao telespectador: enquanto o mocinho e a mocinha sussurram juras de amor, ela segura uma lata de refrigerante, fazendo, claro, uma propaganda do produto — que por sua vez paga o privilégio de aparecer ali entre os dedos da cinderela.

No jornalismo, porém, isso vai se tornando intolerável. E vai se tornando intolerável graças ao amadurecimento do senso crítico do próprio público. Antes, o telejornal podia se chamar *Repórter Esso* que não tinha a sua credibilidade arranhada. Hoje, se o *Jornal Nacional* mudasse de nome para *Informativo Bom Bril*, seria complicado. É o público quem dá o parâmetro do grau necessário de independência. É ele quem rejeita o merchandising em jornalismo. Não se pode "falar bem" de um refrigerante no texto de uma reportagem com uma finalidade promocional, ou melhor, não se pode agir assim sem que se corra o risco de que o público perceba a manobra e sem que se ponha em xeque a imagem de independência e, portanto, a confiabilidade. Disso depende o pacto de confiança sobre o qual se ergue o jornalismo, um pacto cujas regras implícitas exigem independência editorial. Tais regras não decorrem da opinião de um ou outro telespectador ou ouvinte, individualmente considerados, mas de uma mentalidade socialmente compartilhada, que dá os parâmetros do jornalismo.

Pressões contra a independência editorial

Essa mentalidade é um fato. A simples existência do modelo "igreja-estado" o comprova — pois o modelo nada mais faz do que procurar transpor para dentro da empresa valores socialmente prestigiados fora dela. Mas a transposição não é direta, nem mecânica. Não faz parte do modelo a pretensão de fazer cessar as tentativas dos anunciantes de controlar o conteúdo editorial. Ao contrário, sabe-se que elas se rearticulam em níveis superiores e ainda procuram subordinar o jornalismo à sua estratégia de comunicação. Em 1997, um caso rumoroso foi tema de um artigo analítico na revista *Columbia Journalism Review*.[1] Conforme narra o texto, a Chrysler passou a exigir das revistas que veiculavam seus anúncios a leitura antecipada das reportagens. O argumento básico era que ela não pretendia ter a sua imagem vinculada a temas polêmicos e, para evitar a vinculação, seria prudente que as reportagens lhe fossem submetidas com antecedência. A investida do anunciante suscitou a reação dos editores de revistas. Em nome da liberdade de imprensa, a American Society of Magazine Editors (ASME), que representa 370 editoras e oitocentas revistas nos Estados Unidos, rechaçou-a. Os atritos, como se vê, não acabaram, nem nos Estados Unidos nem em qualquer outra parte do mundo dito democrático. O que só torna mais premente o zelo pela linha que separa "igreja" de "estado".

Além de ser uma solução operacional para as empresas, a linha divisória tem também um componente que funciona como garantia para o cidadão. Graças a ela, repórteres e editores não precisam prestar contas a ninguém além de suas chefias jornalísticas. Quanto aos diretores de redação ou diretores editoriais (que coordenam grupos de diretores de redação), respondem diretamente a presidentes ou vice-presidentes das companhias. Não existe, no modelo "igreja-estado", a possibilidade de que um gerente de publicidade avalie a performance de um repórter, ou de que ele diga quem é que deve ser entrevistado. Assim como não há a possibilidade de que editores chefiem os profissionais da publicidade. Às equipes jornalísticas cabe ter em mente apenas o interesse do leitor — e nenhum outro. É para isso que elas são pagas. Aos diretores de redação e diretores editoriais cabe zelar, antes de tudo, pela primazia desse interesse sobre todos os outros. É comum encontrar repórteres em início de carreira que se dizem orgulhosos por "vestir a camisa da empresa". A declaração é deslocada e suicida. Um jornalista deve vestir a camisa de sua profissão, da *ética* de sua profissão. Só ela. Se o fizer, estará correspondendo àquilo que a empresa espera dele. Infelizmente, porém, ainda é comum encontrar jornalistas com poder na imprensa que incentivam suas equipes a "ajudarem a publicidade a faturar". Agindo assim, estão deformando seus profissionais, distanciando-os daquilo que é o fundamento primeiro da carreira que escolheram. Estão também contribuindo para viciar a informação que oferecem ao público e, no limite, enfraquecendo por dentro o patrimônio da credibilidade. O que "ajuda" a publicidade a atingir suas metas é o bom jornalismo praticado pelo veículo, e é só dessa forma — construindo a credibilidade — que o jornalismo pode "ajudar" a publicidade.

Portanto, o modelo "igreja-estado" não suprime por antecipação os conflitos de interesses. Apenas faz com que eles, quando aparecem, passem longe de repórteres e editores e sejam atraídos pela cúpula. Os conflitos devem ser enfrentados pelo comando das redações — nunca nos níveis inferiores. O papel de quem comanda uma equipe jornalística já estaria muito bem exercido se se limitasse a impedir que pretensões estranhas ao direito à informação penetrassem na confecção do discurso jornalístico. Se a equipe tem talento (matéria-prima essencial), tem boa formação ética e técnica, se ela conhece seu consumidor final e sabe dialogar com ele com presteza e brilho, cabe ao chefe deixar que ela trabalhe com bons estímulos e com as metas de melhor servir ao público. A razão de ser de quem comanda o fazer jornalístico pode se resumir ao dever de chamar para si as vicissitudes e os conflitos que obrigatoriamente aparecem no dia-a-dia com aqueles que representam outras pretensões estranhas ao cidadão, que é o leitor, o ouvinte, o telespectador, o internauta. Cumpre a esse profissional proteger o cidadão e, agindo assim, ensinar a seus colegas de empresa e aos demais interessados que o procurem o valor da credibilidade e o lugar em que ela deve estar. Do ponto de vista do jornalista, a credibilidade não atrapalha o lucro, mas ajuda-o. Quando a sua concepção de credibilidade se chocar com os imperativos empresariais movidos por objetivos imediatistas, cumpre a ele defender a dignidade de sua profissão. Às vezes, terá de defendê-la com o próprio emprego. Nesse caso, o jornalista estará agindo segundo a sua coerência individual, mas essa coerência individual o empurrará para fora da coerência da empresa. Estará, então, diante de um limite do método "igreja-estado", que é o limite da própria empresa. O método não existe, é bom saber, para defender o jornalismo contra tudo e contra todos, mas para viabilizar a vida empresarial compatibilizando-a com a ética da imprensa. Às vezes, a compatibilidade se rompe.

Então o jornalista é um adversário interno dos funcionários da área comercial? Não. De acordo com a lógica do método "igreja-estado", ele deve ser um interlocutor. O significado das palavras *Igreja* e *Estado*, que dão nome ao modelo, ajuda a entender a relação: na modernidade, o Estado se laiciza e a Igreja se desobriga da gestão mundana da coisa pública. A lembrança das idéias de Montesquieu sobre o equilíbrio entre os poderes da República também vem a calhar: nenhum deve mandar mais que o outro, mas todos se completam e se limitam reciprocamente. Nas empresas de comunicação, a relação entre os representantes da "igreja" e os do "estado" deve ser mais de diálogo que de submissão. Ao jornalista, nesse equilíbrio, cabe o papel de atuar como o guardião do patrimônio maior que é a credibilidade. Para isso o patrão lhe paga o salário. A sua profissão, mais do que uma atividade do mercado, é a função social que garante o atendimento de um direito fundamental; é uma profissão cujo alcance vai além da empresa e do próprio mercado. Isso não lhe dá a prerrogativa da arrogância — mas também não lhe autoriza a tibieza. Se ele for dócil demais, o modelo "igreja-estado" se desequilibra. O modelo, a propósito, é empresarial por definição: supõe jornalistas altivos, mas não tem nada de antilucro ou de anticapitalista; ao contrário, é uma garantia para a empresa que se pretenda próspera e duradoura em uma democracia.

Com muitas vantagens. Quando a "igreja" é forte e autônoma, o "estado" também o será. Se a "igreja" é de fato independente, os responsáveis pelo faturamento publicitário deixam de ser chamados pelos anunciantes a responder pelos conteúdos editoriais. Outro ganho do "estado" é que a confiança do público, conquistada pela independência editorial, converte-se num convincente argumento de vendas de anúncios. E isso funciona, dá certo — como a *Time* e muitas outras revistas e empresas no mundo todo estão cansadas de demonstrar. Ao mesmo tempo, e aí temos um aspecto ético decisivo, as equipes jornalísticas deixam de ter a desculpa de invocar os interesses comerciais da companhia em que trabalham para justificar reportagens fracas e tendenciosas. A autonomia das redações aumenta a responsabilidade das redações. Poder fazer um jornalismo independente significa, nessa fórmula, a obrigação redobrada de fazer bem feito. Não há mais escusas para a tapeação.

Uma outra conseqüência benéfica é que, com veículos independentes, legitimados pelo público e respeitados pelo mercado anunciante, uma empresa de comunicação caminha ela mesma para agir com independência institucional na esfera pública. Suas alianças financeiras tendem a ser mais mediadas pelo valor da independência editorial, o que potencializa seu patrimônio de credibilidade. Naturalmente, ela procurará fugir das situações em que um número reduzido de anunciantes seja responsável pela maior parte da receita, o que a deixaria vulnerável. Anunciantes de muito peso acabam falando como sócios, adquirem condições de chantagear um órgão de imprensa — o que, não se duvide, acontece mesmo, principalmente com pequenos jornais e emissoras de rádio cujas receitas publicitárias vêm em peso dos governos municipal, estadual ou federal. (Os governos pressionam a imprensa não apenas como poder estatal, valendo-se de seus inúmeros instrumentos de coerção, mas também como clientes de mercado, como anunciantes privados. Nos ataques que desferem contra o direito à informação, os governos agem simultaneamente como poder político — como um agente da esfera pública — e como poder econômico — como um agente da esfera privada.) Uma receita sem desequilíbrios deve ser um objetivo da gestão comercial nas empresas de comunicação, é uma conquista do "estado" em benefício da "igreja". A boa condução do "estado" é indispensável para que a independência editorial, na prática, seja possível. A credibilidade, portanto, além de um valor ético, é um patrimônio — um capital, pode-se dizer — que a "igreja" constrói junto com o "estado", em sintonia. A fórmula "igreja-estado" não se propõe como um exercício de esquizofrenia organizacional, mas se acredita uma base de método para o diálogo interno. Só dá bons frutos quando adotada como política unificada, compartilhada vertical e horizontalmente por todos os quadros da empresa. Ela se traduz em algumas estruturas administrativas possíveis — não há, entre as estruturas normalmente utilizadas em diferentes companhias, um desenho único, rígido e fixo. Em todas, porém, observa-se a existência da linha divisória entre aqueles que atendem o cliente da informação pública, que é o cidadão ou o cidadão numa condição específica de consumidor (como é o caso das publicações para interesses específicos), e aqueles que atendem o cliente do espaço publicitário, o anunciante, e todos os outros parceiros comerciais.

A credibilidade que vende

Em linhas concisas, é nisso que consiste o modelo "igreja-estado". É um engano supor que ele se deva a um compromisso purista de empresas capitalistas com o sacerdócio do jornalismo. Não se trata de uma saída resignada ou de uma devoção abnegada à causa cívica. É uma solução de mercado, com as virtudes e problemas próprios do mercado. No mundo editorial, a credibilidade gera lucro. Se o público valoriza a independência, é preciso entregar independência ao público. A credibilidade vende. A longo prazo, nada dá mais certo do que isso. Não seria impróprio afirmar que as empresas de comunicação prezam a independência editorial por interesse no lucro. Charles Baudelaire foi irônico, e também bastante verdadeiro, quando elogiou a "lisura" do financista em *Meu coração desnudado* (LXXV). Escreveu ele: "O menos infame de todos os comerciantes é o que diz: 'Sejamos virtuosos, para ganhar muito mais dinheiro do que os tolos que são viciosos'. Para o comerciante, a própria honestidade é uma especulação de lucro". Numa sociedade em que a informação jornalística, além de um direito do cidadão, circula também como mercadoria, seria ingenuidade supor que a credibilidade não fosse fator de lucro.

Um dos slogans mais bem-sucedidos na propaganda de veículos de imprensa é aquele em que a *Folha de S.Paulo* garantia ter "o rabo preso com o leitor". Ora, se tem "o rabo preso com o leitor", o jornal não terá "rabo preso" com mais ninguém. O slogan é particularmente forte porque a expressão "rabo preso", sozinha, indica a situação daquele que não tem liberdade de dizer ou fazer o que pensa. Tem "rabo preso" quem não é dono de si mesmo. Daí que, ao declarar-se "de rabo preso com o leitor", a *Folha* se declarava "de rabo preso com a verdade" (onde *leitor* é sinônimo de *verdade*), o que desmonta o significado original do termo, negando-o: quem tem "rabo preso" com a verdade, na verdade não tem "rabo preso" com nada nem ninguém. Assim, a campanha valorizava o conteúdo do jornal. Seu valor não estaria na pretensão de quem nunca admite errar, mas no pacto com o leitor. O que o leitor compra é o compromisso e a credibilidade — não a infalibilidade. Abandonando a pretensão da infalibilidade, a campanha da *Folha* revelava um traço de modernidade adiante de outros veículos — e entre todos os "comerciantes" que vendem informações jornalísticas, a *Folha* seria o "menos infame".

Falando uma linguagem publicitária, a *Folha* declara assumir um compromisso público — e isso é o que interessa no debate ético. A questão se desloca: não é mais o que o jornal diz de si mesmo que importa (isso importa apenas aos publicitários), mas o modo como o jornal honra, no conteúdo da mercadoria que oferece, o compromisso que assumiu. A lógica da campanha publicitária é simples: se o jornal tem o "rabo preso com o leitor", é porque seus jornalistas não têm nenhum rabo preso com o anunciante. Ali existiria, então, o compromisso com a independência editorial. E se, nas suas páginas noticiosas, a independência se demonstra verdadeira ao julgamento do leitor, ela se torna fator de lucro. É evidente que a campanha pode influir nesse julgamento, mas, no limite, nenhuma campanha publicitária de jornal nenhum influi mais na opinião do leitor do que o próprio conteúdo que o jornal oferece. Se o conteúdo não sustenta minimamente a campanha, nada feito.

O modelo "igreja-estado" é, portanto, um modelo tipicamente liberal: ele se origina e se resolve nos mecanismos de mercado. Por extensão, mas sem negar seu fundamento liberal, funciona como um ambiente ético que favorece a informação de melhor qualidade. Na sociedade de mercado. É bom lembrar disso para que não se tome o modelo como solução universal, ou como "a" realização da ética absoluta sobre a Terra em todos os tempos. A independência editorial é um valor ético ancorado no ideal democrático da imprensa, mas o modelo "igreja-estado" é antes um método que um valor, é um modo de ordenar a estrutura administrativa, uma solução própria do mercado que, no entanto, resguarda e valoriza a independência das redações de forma compartilhada com o cidadão-consumidor.

Ao resguardar e valorizar a independência, o modelo "igreja-estado" representa, além de um método, também a materialização de um valor e, nessa condição, termina por constituir um contrapeso ao imediatismo do capital: tende a assegurar, a seu modo, que o objetivo do lucro não atropele a função social da imprensa ou, pelo menos, tende a instalar aí uma certa mediação. Dando lugar ao debate ético, abre espaços que, no interior da empresa, representam direitos do público. Esses espaços são informais, mas sempre estão ali. Abrem-se nos diálogos entre a área comercial e a área editorial, nas tomadas de decisões jornalísticas ou nas críticas éticas internas que circulam em jornais, editoras de revistas e emissoras de rádio e televisão. Neles, reproduz-se a dinâmica dos debates públicos. É como se uma extensão da esfera pública penetrasse os domínios da empresa privada, fazendo falar aí dentro a voz do cidadão (o titular do direito à informação) por meio daqueles que a representam: os jornalistas. Isso contribui para instalar na vida interna da empresa de comunicação um clima de debate público bastante profícuo, produtivo. Divertido ou descontrolado, depende do ponto de vista. Se bem compreendido e bem gerido, esse fenômeno se converte numa vantagem: a empresa de comunicação tende a tornar-se mais sensível às inclinações e às inquietações gerais da sociedade e dos setores aos quais se dirigem seus veículos informativos. Se mal compreendido, será apenas fonte de aborrecimentos e desgastes. E a emoção natural do jornalismo se degenerará em um inferno para os acionistas da companhia. Eles então se surpreenderão pensando que talvez fosse melhor investir em hotelaria, na construção civil ou, quem sabe, num paraíso fiscal.

Que não se entenda com isso que o modelo "igreja-estado" garanta por si só um jornalismo 100% objetivo, honesto, independente. Não garante. Ele apenas pode abrir canais para que a independência seja preservada e para que se desenvolva uma cultura interna em que a credibilidade é de fato prezada como um valor. Só isso. É só — mas não é pouco.

O JORNALISTA E O CONFLITO DE INTERESSES ECONÔMICOS

Os jornalistas são trabalhadores intelectuais. Vendem o seu trabalho e o seu talento, com ou sem vínculos empregatícios, para empresas capitalistas — ou para empresas mais ou menos públicas, que, de todo modo, se viabilizam segundo critérios de mercado. Alguém irá discordar: nem todos os jornais, revistas, emissoras de rádio e televisão, nem todos os sites jornalísticos da internet pertencem necessariamente a capitalistas. Mas todos os jornalistas, sem exceção, vendem seu trabalho e seu talento no mercado capitalista. Pense-se, por exemplo, nas emissoras de televisão pertencentes a fundações, como é a TV Cultura de São Paulo. Pode-se argumentar que, tendo recebido verbas públicas ao longo de sua existência e sendo declaradamente uma entidade sem fins lucrativos, a TV Cultura não é uma empresa capitalista. E não é mesmo. No entanto, a cada dia mais ela se torna permeável aos critérios próprios do mercado: veicula mensagens publicitárias e extrai daí parte do seu financiamento; pauta-se e também se avalia, ainda que parcialmente, pelos indicadores de audiência (ou de audiência qualificada). Concorde-se ou não com a crescente mercantilização das emissoras públicas brasileiras, ela é um fato — que aqui não será discutido. O que importa destacar é que tanto os jornalistas da TV Cultura como a sua programação estão expostos às leis de mercado, assim como os jornalistas e programas das emissoras comerciais. O repórter da Rede Globo e o da TV Cultura disputam o mesmo mercado: são assalariados em busca de melhores proventos, e não diferenciam eticamente o fato de trabalhar numa televisão pública do de trabalhar numa rede privada. Nem há por que diferenciar. O jornalista é um trabalhador intelectual assalariado e vai exercer sua profissão em qualquer órgão de imprensa que respeite a função social que ele representa — e que o pague direito. Se pagar bem, tanto melhor. Repetindo: o jornalista vive de vender seu trabalho intelectual e seu talento no mercado. A sua ética tem muito a ver com essa condição.

O que tem um jornalista para vender? O trabalho que ele produz com a sua competência — e com a sua ética. No perfil do profissional, a habilidade técnica não se separa dos princípios ou valores éticos. Se o repórter é daqueles que acham bobagem conferir todos os nomes das pessoas que entrevistou, incorrerá numa falha técnica e ética; estará passando adiante informação de má qualidade. Se ele escreve mal, leva padecimento ao seu leitor, além de promover injustiças involuntárias pela falta de familiaridade com a palavra. Quem não se dobra diante do idioma, quem não o respeita, acaba escrevendo o que não quer, e aí é o desastre. É como o desenhista que, imaginando representar um morango, garatuja um coração com catapora. Pensa uma coisa, comunica outra. Os efeitos da inabilidade são impiedosos. É como um piloto de avião que não seja um exímio operador dos instrumentos: mata os passageiros. Saber o português é uma obrigação ética do jornalista. Quem tropeça no vernáculo mente sem querer. E não mentir é um dever técnico. E ético, embora haja quem ache que esse impedimento depende do grau.

Há jornalista que crê poder mentir: para um aqui, para outro ali, bem pouco, só de vez em quando, até que, um dia, nenhum de seus colegas e fontes será capaz de acreditar nele. Jornalista que mente, assim como o jornalista plagiário, é tecnicamente imprestável: não há como usá-lo na imprensa. Publicar as informações que ele traz à redação é como comprar remédios numa farmácia que, ocasionalmente, vende ali um antibiótico falsificado. É como usar um parafuso de isopor, unzinho só, na fabricação de um submarino. Lá na frente, ou lá no fundo, vai dar errado. Não adianta. A integridade pessoal de um jornalista é o começo e o fim dos valores que ele carrega — e que serão determinantes de seu preço no mercado. Para o patrão, a ética aparente pode ser um fator de lucro. Para o jornalista, a ética é fator de remuneração.

A ética de mercado, o assessor e o jornalista

Ser ético, enfim, é uma questão de mercado — concepção que se acha em perfeita sintonia com a idéia de que os mecanismos de mercado são suficientes para indicar as vias do bem comum. Essa idéia será questionada no final deste capítulo. Antes de criticá-la, porém, é preciso compreender o poder de sua lógica. Dizer, então, que a ética é um fator de remuneração para o jornalista é expressar uma máxima liberal. E é dotar o tema de seu alcance devido: a medida da ética, nesses termos, é dada pelas necessidades postas pelo mercado, ou melhor, pelo modo como o mercado traduz a demanda do público. A demanda varia, como sabemos, de uma época para outra.

Houve profissionais que ficaram ricos esnobando a correção de conduta? Sim, houve. Mas os tempos eram outros. Assis Chateaubriand talvez seja o caso mais exemplar. Ergueu-se com talento e suor, mas também com chantagens, achaques, além de agressões violentas, invasão de domicílio, o seqüestro da própria filha, tiros em inocentes etc. A história de sua ascensão pessoal, profissional, empresarial e política é uma profusão de crimes de toda espécie, segundo o relato de Fernando Morais em *Chatô, o rei do Brasil*. Chateaubriand publicava artigos para render governantes, destruir reputações e obrigar suas vítimas a anunciar nos seus Diários Associados, ou a doar dinheiro para as suas campanhas. Para desocupar um imóvel alugado, extorquiu a família Matarazzo,[2] à qual passou a destinar todo tipo de maledicência. Para ganhar a guarda de sua filha, Teresa, obteve de Getúlio Vargas a publicação do decreto-lei nº 5213, de 1943, modificando a lei sobre organização e proteção da família exatamente no ponto que lhe convinha: um decreto tão absurdo que se tornou conhecido como Lei Teresoca.[3] Getúlio estaria retribuindo ao dono dos Associados o favor que este lhe fizera um ano antes, quando demitira Dario de Almeida Magalhães. Um dos mais atuantes diretores dos Associados, dos quais chegou a ser presidente, e colaborador direto de Chatô por muitos anos, o advogado carioca Almeida Magalhães seria alçado à condição de inimigo visceral. Os dois iriam se reconciliar nos anos 1960, mas, até lá, o inimigo de Chatô sofreu todo tipo de pirraça e perseguição. No início do governo Dutra, foi nomeado ministro da Educação, e Chateaubriand chantageou o presidente: se seu desafeto assumisse a pasta, os Associados iriam para a oposição no dia seguinte.[4] Almeida Magalhães nunca tomou posse. Chateaubriand não conhecia limites. Sua revista *O Cruzeiro* publicava matérias pagas,[5] quer dizer, matérias que elogiavam uns e outros em troca de pagamentos por baixo do pano, e seus jornais eram capazes de proezas jornalísticas como criticar um fabricante de caixas de fósforo para coagi-lo a se tornar anunciante. Uma vez aceita a coação, as denúncias cessavam.[6]

Conflitos de interesses? Sim, dos mais escabrosos. Chateaubriand nunca se importou com isso. Por certo, ele não foi o único velhaco da mídia nacional, e talvez não seja o maior. Não há bonzinhos no front. O fato, porém, é que os níveis de tolerância da sociedade são menos flexíveis hoje. Todas as barbaridades cometidas por jornalistas e patrões na imprensa brasileira, as que são conhecidas e as que ainda estão por se revelar, são indicadoras não de que esse mundo é mesmo um antro, mas de que se processa uma lenta mudança na incidência da má-fé e da patifaria. Não que estas estejam extintas; elas apenas precisam ser mais veladas do que antes. No mínimo. A sociedade já não é tão indiferente. Nos termos do liberalismo, o mercado exige mais compostura.

Mais do que antes, o sucesso de um profissional de imprensa depende de sua credibilidade pessoal. Se um veículo informativo (um diário, uma emissora de rádio noticiosa, uma revista, um site) não pode acobertar conflitos de interesses sem arriscar-se a perder o crédito do público, também o jornalista não pode procurar servir simultaneamente a dois interesses conflitantes. Um jornal que deixa transparecer a impressão de que publica notícias para favorecer uma determinada empreiteira está semeando sua ruína. Um jornalista que tem emprego em repartições públicas de Brasília "para complementar o salário" da TV, ou que "faz uns bicos" para suas fontes de informação pelos quais recebe pagamentos régios, cedo ou tarde cai em suspeição. Quem é que lhe paga, afinal? A serviço de quem ele realmente está?

Esse tipo de confusão começa pela falta de rigor com que

a palavra *jornalista* é invocada nas conversas cotidianas. Chama-se jornalista todo aquele que trabalha na imprensa e também alguns que trabalham *com a imprensa*, seja dentro das redações ou fora delas. Chamam-se jornalistas não apenas os repórteres, os editores, os diretores de redação mas os assessores de imprensa de grupos políticos, econômicos, ou de personalidades públicas. Rigorosamente, porém, os assessores não praticam jornalismo. O assessor de imprensa se encarrega de intermediar as relações de seu cliente (ou patrão) com repórteres em geral, e sua eficiência é medida pela quantidade de reportagens favoráveis que saem publicadas — e pelas informações negativas que são omitidas. O assessor de imprensa é um artífice e ao mesmo tempo um divulgador da boa imagem daquele que o contrata. Na prática, não é jornalista. Jornalista é estritamente o profissional encarregado de levar notícias ao público, num serviço que atende, no fim da linha, o titular do direito à informação e mais ninguém. O assessor de imprensa — ainda que possa ter se formado numa faculdade de comunicações com habilitação em jornalismo, ainda que tenha anos de experiência numa redação — exerce tecnicamente um ofício diferenciado. Ele não ganha para perguntar o que o público tem o direito de saber, mas ganha para propagar aquilo que o seu cliente (ou empregador) tem interesse em difundir.

São duas ocupações igualmente dignas, nada de errado com uma ou com outra, mas são duas ocupações diferentes. Por vezes, opostas. Embora ambas se declarem comprometidas com o respeito à verdade, há distinções cruciais entre as normas de conduta de uma e de outra. Para o assessor de imprensa, trabalhar para duas ou mais empresas ao mesmo tempo, desde que não haja antagonismos entre elas, é absolutamente normal. Como é normal que uma agência de publicidade produza campanhas para diversos clientes. Para o jornalista, empregos simultâneos constituem uma complicada exceção, e a atividade de assessoria de imprensa é incompatível com as atribuições de um repórter ou um editor. O jornalista que, ao seu trabalho no jornal, na rádio, na revista ou na TV, acumula uma função de assessor de imprensa (fixa ou esporádica) incorre num conflito de interesses elementar, pois sempre fica a dúvida: na hora em que os interesses de seus "clientes externos" estiverem em jogo, numa determinada pauta, como é que ele irá proceder? O leitor pode realmente confiar nele?

O mesmo se pode dizer do jornalista contratado por um órgão de imprensa que aceita encomendas "por fora" de agências de publicidade. Terá ele a independência necessária para escrever uma reportagem sobre aqueles que o remuneram "por fora"? Já para um publicitário ou para um assessor de imprensa, o fato de ter uma coluna numa revista ou de colaborar eventualmente em um jornal em nada é desabonador. Antes, o contrário. Enfim, o que são virtudes no assessor de imprensa se tornam pecados no jornalista, e vice-versa. Para o assessor, o fato de ser chamado de jornalista às vezes ajuda. Para o jornalista, é chato. Se quiser evitar a morte por esquartejamento moral a que leva o conflito de interesses não resolvido, ele deve guardar distância de léguas de qualquer atividade profissional que constitua assessoria de imprensa ou publicidade. Ou que possa ser vista como tal.

A aparência aqui é quase tudo. A independência e a integridade do jornalista, como as dos órgãos de imprensa, precisam ser mais que verdadeiras: precisam ser explícitas. Tornálas explícitas não é exibicionismo, é respeitar o público. Que não pairem dúvidas. Aliás, a independência do jornalista só é verdadeira quando é escancaradamente explícita. Os códigos de ética mais conhecidos condenam expressamente o conflito de interesses e, em igual medida, condenam também *a aparência* de conflito de interesses. Quem vive da confiança do público deve deixar claro, de antemão, a que veio, para quem trabalha, a que interesses serve. Não lhe basta ser independente ali com seus botões: é preciso que todos vejam a toda hora que ele é mesmo independente. Essa é a regra básica apregoada e seguida (às vezes mais, às vezes menos) pelos mais importantes veículos informativos do mundo e pelos melhores profissionais. Ela inclui não fazer "bicos" para "complementar o salário" aceitando encomendas de empresas ou autoridades que são fontes ou fontes potenciais de informação, inclui não exercer atividade de assessor de imprensa, mas não pára aí. É preciso descer aos detalhes. Por exemplo: um jornalista não deve aceitar presentes de suas fontes. Não que ele vá ser venal para o resto da vida se receber de brinde uma caneta, mas sua independência terá contornos mais turvos se isso for um hábito e se ele, já que um presente não estraga ninguém, aceitar de bom grado uma passagem aérea de primeira classe daquela tal companhia, comprar um carro com desconto de um certo fabricante, vestir-se de graça na loja tal. O problema não é o que ele pensa de si mesmo e o fato de ele jurar que continua sendo isento mesmo desfrutando de tanta generosidade alheia — o problema é que, assim, a sua independência deixa de ser explícita. E surgem as aparências de que, não sendo explícita, ela talvez não seja tão autêntica.

Embora as duas funções não se confundam, ou melhor, embora haja diferenças abissais entre ambas, a independência do jornalista é comparável à do juiz quando se trata de conflito de interesses envolvendo dinheiro e presentes. Será que alguém que movesse um pedido de indenização contra uma fábrica de roupas ficaria tranqüilo ao saber que o juiz a quem caberia a decisão de primeira instância ganhasse dessa fábrica, de vez em quando, algumas calças, camisas e malhas de lã a título de lembranças de Natal? Parece pouco, mas o autor da ação não ficaria nada tranqüilo. A isenção do juiz para julgar a causa está prejudicada. Pois é a mesma coisa que um leitor, um telespectador ou um ouvinte têm o direito de pensar a respeito de uma editora de moda que, incumbida de fazer reportagens sobre roupas femininas e sobre as novidades no setor, veste-se de graça o ano inteiro. Sim, ela pode ser honestíssima — como é discretíssima sobre os mimos que recebe. Mas será que os fabricantes têm clareza sobre sua independência? Será que tanta gentileza não interfere nas reportagens que ela edita?

Hoje, isso talvez soe tão óbvio quanto dizer que aquele senhor escalado para dirigir o ônibus escolar precisa ter sua carteira de motorista profissional em ordem. Mas não foi sempre assim. A postura de não aceitar favores, ajudas financeiras, descontos especiais, facilidades de todo tipo é uma conquista recente. Antes era uma tragédia — ou uma festa, dependendo de quem fala. Ainda hoje, jornalistas das melhores publicações do Brasil recebem ofertas de automóveis com descontos das assessorias de imprensa das próprias fábricas. Algumas dessas ofertas chegam às redações por escrito. O mesmo se dá com as marcas de roupas de moda. Às vezes, ainda chegam aos aparelhos de fax de redações cartas destinadas aos "prezados amigos" convidando os que ali trabalham a comparecer a um "bazar" onde estarão à venda peças nacionais e importadas a preços "bem acessíveis". Há poucos anos, aceitar propostas assim era corriqueiro. Quase todos diziam sim. Assim nasceu a imprensa brasileira. No fim da vida, Samuel Wainer contou que criou sua *Última Hora* com dinheiro arranjado por Juscelino Kubitschek, numa operação mantida em segredo por décadas. Em *Minha razão de viver — Memórias de um repórter*, Wainer lembra o episódio em que conseguiu a ajuda do então governador de Minas:

> JK recebeu-me com a simpatia de sempre. Expliquei-lhe meus projetos e a necessidade de conseguir recursos, ressalvando que qualquer ajuda que ele me prestasse deveria permanecer sob completo sigilo.
>
> — Caso contrário, toda a imprensa ficará contra você — preveni.
>
> Juscelino sabia dos riscos, mas não pareceu preocupado.
>
> — Tenho interesse em ajudá-lo — disse. — De quanto você precisa?
>
> Respondi que precisava de 3000 contos, como poderia ter mencionado outra cifra qualquer: eu não havia feito cálculos precisos para saber exatamente quanto teria de gastar na primeira etapa do jornal. Ele informou que determinaria a três bancos ligados ao governo que cada um me desse mil contos. Os emprés-

> timos sairiam em meu nome, com o aval de Medeiros Lima [jornalista muito bem relacionado em Minas Gerais, que, a pedido de Wainer, ajudou-o a ter acesso a JK]. Eram, evidentemente, transações de caráter político, já que nem eu nem Medeiros Lima tínhamos condições de obter tanto dinheiro daquela forma.[7]

Pode haver conflito de interesses pior? E, no entanto, o jornalismo que se faz hoje no Brasil, naquilo que tem de positivo, deve muito a Samuel Wainer. A *Última Hora* nasceu na base do tráfico de influência, sim, mas deixou como herança alguns progressos. Não se deve, de forma nenhuma, absolver os que praticam o tráfico de influência para obter dinheiro barato, e nem é isso o que se quer insinuar aqui, mas é um erro simplificador pensar a realidade numa dimensão ética absoluta. A ética não se confunde com as catilinárias moralistas, mas, enraizada que está nos costumes, tem existência social e se altera historicamente. É uma dimensão da convivência humana.

Quem se interessa pelo assunto e não leva em conta os contextos culturais da sociedade, começa a pontificar e abre mão de pensar. Nenhum preceito ético recomendará que se tirem vantagens financeiras indevidas de relações privilegiadas com os governantes. Isso é moralmente condenável em qualquer tempo. Mas a compreensão da história da imprensa requer que se levem em conta os contextos em que os sujeitos se relacionavam. É uma história pavimentada de pecados mas que tem uma linha geral de evolução (de melhora) dos padrões éticos socialmente praticados. Samuel Wainer era contratado dos Diários Associados, de Chateaubriand, de onde se demitiu para iniciar seu próprio projeto. Não foi um anjo, mas teve uma folha corrida mais limpa — se é que se pode compará-los segundo parâmetros que não eram os de suas épocas — que seu antigo patrão. E mesmo Chatô, escroque consagrado, foi um modernizador em seu tempo. É preciso notar que, de um para outro, o que muda não é o caráter dos homens, mas o grau de exigência ética da sociedade. Aí é que está o fiel da balança ética: na sociedade e em suas demandas. Até poucos anos atrás, jornais e revistas não se preocupavam em combater os conflitos de interesses. O leitor mal reparava neles. Os profissionais também não se preocupavam. É bom não esquecer que havia, como herança dos anos 1940, uma institucionalização dos privilégios aos jornalistas. O artigo 203 da Constituição da República dos Estados Unidos do Brasil de 1946 os isentava do imposto de renda: "Nenhum imposto gravará diretamente os direitos de autor, nem a remuneração de professores e jornalistas". E o artigo 27 das Disposições Transitórias da mesma Constituição instituía uma outra benesse: "Durante o prazo de quinze anos, a contar da instalação da Assembléia Constituinte, o imóvel adquirido, para sua residência, por jornalista que outro não possua, será isento do imposto de transmissão e, enquanto servir ao fim previsto neste artigo, do respectivo imposto predial". Hoje, a mentalidade — institucional e social — é diferente. A proteção da credibilidade é mais intensa do que antes.

Duas éticas num só lugar

O comportamento ético varia no tempo e, do mesmo modo, no espaço: ele não é homogêneo, ou monolítico. Um mesmo período histórico pode comportar duas ou mais posturas éticas distintas num mesmo campo. No campo do jornalismo, por exemplo. Há distâncias éticas enormes entre veículos diferentes, e às vezes elas se verificam entre editorias distintas de um mesmo veículo. Uma delas merece registro. É praxe entre repórteres que cobrem política ou economia, as áreas ainda consideradas "nobres" do jornalismo, não aceitar que suas fontes lhes paguem viagens aéreas ou diárias de hotéis. A simples oferta os ofende. Um repórter de política ou de economia viaja com todas as suas despesas pagas pela empresa jornalística para a qual trabalha. Já um repórter da editoria de turismo, do mesmo jornal, ou da mesma empresa, pode aceitar passagens e estadas das fontes que ninguém vai se chocar. Aliás, tudo se passa na mais serena normalidade. Claro que há aí uma contradição. Ou bem os repórteres de economia e política pensam que são mais puros que o resto da humanidade ou bem os repórteres de turismo estão admitindo relações ambíguas e impróprias com suas fontes de informação. Há dois pesos e duas medidas para a conduta ética dos profissionais de um mesmo jornal, ou de uma mesma editora, ou de uma única emissora de televisão. É como se, para cobrir a área de turismo, os jornalistas não precisassem ser "tão" independentes quanto os que cobrem a bolsa de valores.

Um dos primeiros a apontar o problema no Brasil, o jornalista Celso Nucci, ex-secretário editorial e ex-diretor de Desenvolvimento Editorial da Editora Abril, lançou um alerta num artigo intitulado "Jornalistas e... jornalistas", publicado na *Folha de S.Paulo* de 20 de julho de 1992: "Temos aí uma esquizofrenia ética que, não nos enganemos, é percebida pelo leitor e é um dos principais fatores que levam à perda de credibilidade da imprensa e dos profissionais que a fazem". Nucci tem razão. Mas por que será assim? Será que uma informação jornalística sobre um hotel no Caribe é menos "séria" que uma entrevista coletiva do presidente da FIESP? Na cultura média do jornalismo contemporâneo, acredita-se que sim, é menos "séria" e menos importante.

Para o público, no entanto, essa distinção não faz o mínimo sentido. Pense-se nas conseqüências que a cobertura de turismo pode ter na vida do cidadão. Ele irá comprar pacotes de viagem, escolherá acomodações, companhias aéreas, gastará duas, três, quatro semanas de sua vida num passeio que escolheu com base numa reportagem. Para ele, o interessado, o índice do custo de vida ou a declaração do ministro da Agricultura não constituem informações "mais nobres". Talvez, às vésperas de suas férias, constituam apenas dados desnecessários. Ele quer saber se o hotel é caro ou barato, se a praia é poluída, o que há de novidade no roteiro que pretende fazer: precisa de jornalismo para isso. Ele busca notícias objetivas, apuradas com independência, para não cair nas malhas da propaganda das agências de turismo. Então, vai a um site jornalístico na internet, lê uma revista especializada ou um jornal. Mas, sabendo que quem pagou todas as despesas dos jornalistas foram as mesmas agências que pretendem vender a ele, leitor, aqueles mesmos roteiros turísticos, tem o direito de se perguntar: esse pessoal está mesmo falando sério comigo? Isso que eles publicam merece crédito ou é matéria paga? Será que a reportagem foi publicada por ser de meu interesse ou só porque o jornalista ganhou um pacote para passear nessa cidade?

Há aí uma contradição, mas ela é temporária. A tendência é que também em turismo, assim como em moda, em culinária, em saúde, em cultura — e nas diversas outras áreas cobertas pela imprensa —, a ética siga os parâmetros já adotados em política e economia. Fora do Brasil, a revista *Traveler* (da Condé Nast) costuma enviar um pequeno bilhete de agradecimento aos que se tornam seus assinantes, com a assinatura de Thomas J. Wallace, o diretor de redação:

> Caro amigo,
>
> Outras revistas de viagem são publicadas por empresas aéreas. Companhias de cartão de crédito. E pessoas interessadas em vender pacotes turísticos. Outros ainda são convidados para os lugares sobre os quais escrevem, de forma que suas viagens são pagas por hotéis ou pelos resorts que retratam em suas reportagens. Isso não estimula a objetividade. Diferentemente deles, nós viajamos incógnitos. Pagamos nossas contas. Recebemos e reportamos os mesmos serviços que você pode esperar. Dizemos exatamente o que pensamos. Entregamos a você informações objetivas. E — mais importante de tudo — servimos exclusivamente a você.

O Brasil dá mostras de que irá pelo mesmo caminho. Fica mais caro para uma redação pagar todas as viagens, estadas, restaurantes de suas equipes de turismo? Sim, fica. Mas reportagem custa dinheiro. A informação vale, e o leitor quer comprar informação de boa qualidade. O jornalista, em defesa de sua própria credibilidade, precisa convencer as empresas que o contratam de que cabe a elas pagar a conta. Nos veículos mais sérios, é assim que já é, e é assim que vai ser. É só uma questão de (pouco) tempo.

Não adianta o jornalista declarar que não é "comprável"

Em síntese: onde há conflito de interesses não se gera informação de qualidade. É elementar. A ética do jornalista poderia se resumir a um simples mandamento: não mentir. O único problema prático seria então o que fazer para seguir esse mandamento. O que é não mentir no caso de um repórter de rádio que tem apenas alguns minutos para narrar um deslizamento de terra que ele acaba de testemunhar, por acaso, ao voltar para casa? Ele tem o celular à mão e vai entrar no ar agora. Ele só tem acesso a um fragmento dos fatos, e é só aquele fragmento que ele poderá comunicar. A causa aparente do deslizamento é a chuva torrencial, que não pára. Há barracos derrubados, mas não se sabe de vítimas. Ele tem algo a informar, tem um fato nas mãos, mas é pouco o que ele sabe. Em parte o ouvinte tem uma noção razoável dessas limitações, mas em parte espera ouvir ali um relato fiel. Ora, não mentir passa a ser então deixar clara a precariedade do relato. Não mentir, portanto, não é dizer a verdade; é apenas não prometer "toda" a verdade. Acontece que uma verdade parcial pode ser também uma mentira parcial. E aí? Imagine-se agora um repórter de TV que dá o microfone para que o prefeito, diante da câmera, diga lá o que ele pensa sobre a acusação que lhe fazem de enriquecimento ilícito. E se o prefeito mentir? O jornalista controla isso? Não, claro que não. Bem, mas se não controla, está então livre para deixar que vá ao ar qualquer disparate que pronunciem? Também não. Nesse caso, o que pode dizer ou fazer esse pobre repórter de TV para não passar uma mentira para o público? E aquele repórter de rádio, como é que ele pode agir para não transmitir ao público uma mentira parcial?

A verdade — também parcial — é que o repórter não pode

grande coisa. Só o que pode é agir de acordo com a sua consciência, esforçar-se para olhar o mundo com objetividade e não mascarar suas limitações com a arrogância de quem tudo vê, tudo ouve, tudo sabe. Para isso, precisa ser independente de quaisquer interesses estranhos àqueles legítimos de quem tem o direito à informação. Ele não pode receber dinheiro, em hipótese nenhuma, de partes interessadas em aparecer na imprensa. Não pode receber favores, facilidades, agrados. Isso é tão elementar para a profissão do jornalista como a visão é essencial para o crítico de cinema. Imagine o que aconteceria se o repórter de rádio do exemplo (fictício) do parágrafo anterior fosse sócio de um loteamento clandestino na área onde houve deslizamento de terra. Como é que ficaria a sua objetividade? E se o repórter de TV (também fictício) tiver um cargo na prefeitura, pelo qual recebe salário — às vezes sem nem ter de bater o ponto? Estará ele suficientemente perto das condições de objetividade?

Não há ética possível onde viceja o conflito de interesses. Simples assim. Jornalistas às vezes pensam, e declaram, que o fato de aceitarem viagens de graça, presentes caros, descontos na compra de automóveis e outras facilidades econômicas não lhes retira a objetividade. Não são "compráveis", asseguram. Assim, remetem o impasse para uma psicologia de segunda linha. O critério passa a ser, então, aquilo que cada um julga de si: "Eu sou honesto, e não é uma passagem de avião que vai me corromper!" ou "O importante é o meu caráter" etc. Ora, se é mesmo esse o critério que deve valer, jamais serão estabelecidas normas universalizáveis de conduta. Acontece que o jornalismo, sendo função social, e sendo antes de tudo uma ética, é, sim, regido por normas de conduta. O jornalista não é um escritor ou um artista entregue às suas idiossincrasias personalíssimas, não é uma "alma livre" flanando na literatura sem nenhuma baliza que o enquadre. O jornalista é um trabalhador intelectual a serviço da democracia e do direito à informação. O que o impede de aceitar suborno — seja um suborno disfarçado em especiarias exóticas seja um suborno cru como um depósito em dólares num banco espanhol — não é sua "índole", sua "psicologia pessoal", se é que isso existe em alguma parte, mas a natureza de sua função. Quem deve estar impedido de aceitar dinheiro de fontes canhestras não é o ser humano que se investiu da função, mas a função — que por sua vez limita, e deve mesmo limitar, a prática do ser humano. O sentido dessa limitação é, portanto, social. O problema é da estrutura da profissão — não é da pessoa. É formal, e deve ser vigiado como uma formalidade a ser atendida por aquele que exerce a função social de informar o cidadão.

CONFLITOS DE CONVICÇÃO E CONSCIÊNCIA

Há, porém, uma outra esfera da independência jornalística que, esta sim, depende das convicções pessoais de cada profissional. Cada um é moldado por suas próprias crenças religiosas, suas ideologias políticas, suas identificações étnicas e culturais, sua preferência sexual, e não há como fugir a isso. Um católico fervoroso, por exemplo, não tem grande senso crítico quando se trata de avaliar a política externa do Vaticano. Um negro brasileiro, descendente de escravos, não terá olhado para o apartheid, o regime de segregação racial que vigorou na África do Sul, com os mesmos olhos que um japonês, natural de Osaka. É humano que seja assim. Mas, como o jornalismo tem por meta a objetividade, muitas vezes esses aspectos da personalidade de cada um — repita-se, humanos — atrapalham o distanciamento requerido pela pretensão à objetividade. É como se o jornalista se surpreendesse dizendo para si mesmo: ser o que eu sou não me deixa ver o que eu vejo. Surge um conflito entre aquilo que lhe constitui a subjetividade e aquele que é seu dever profissional.

Não é um conflito raro. Os jornais, as revistas e as emissoras de rádio e televisão contam o tempo todo histórias de gente que faz política, ou que namora, ou que se converteu a uma seita, ou que defende a causa dessa ou daquela etnia. Tudo parece ter algo a ver com a crença, a ideologia, a etnia, a cultura, a opção sexual de alguém. Daí a dúvida permanente que acompanha o ofício dos jornalistas: como observar e reportar com objetividade os dilemas, as vacilações morais, a ideologia e a conduta das pessoas que são notícia se eu mesmo estou sujeito aos mesmos dilemas, às mesmas vacilações, se eu também tenho minhas opções ideológicas e minhas restrições de conduta? Como não cometer pré-julgamentos?

A objetividade subjetiva

O drama do jornalismo é próximo àquele da pesquisa de campo nas ciências humanas, sobretudo na antropologia e, de modo específico, na etnologia: não há distinção clara entre o sujeito e o objeto. Um evolucionista que estuda uma espécie de cacatua australiana consegue dizer sem maiores embaraços qual é o seu objeto de estudo delimitando-o claramente. O objeto, a cacatua, é um bicho — o sujeito, o pesquisador, é outro. Ambos palram, mas na maior parte das vezes não se confundem. O mesmo ocorre com um astrônomo que investiga a distância entre duas supernovas. Ou com o epidemiologista diante do vírus causador de uma doença tropical e com o matemático que enfrenta a sua equação.

Nas ciências naturais e nas ciências exatas, a distinção entre sujeito e objeto é imediata. Já nas ciências humanas o que surge é antes um problema — não uma distinção. Foi com os etnólogos do século XX que a questão ganhou corpo. Para eles, o homem é ao mesmo tempo sujeito e objeto de estudo. E, muito embora haja a distância entre as culturas originais do pesquisador e do pesquisado, surge aí uma dificuldade nada desprezível para o estabelecimento da distinção categórica entre um e outro. Ambos, sujeito e objeto, ganham sua existência não na natureza, e sim na linguagem, ou seja, no simbólico, e, mais ainda, ambos se enxergam não como sujeito e objeto, enxergam-se como sujeitos que se olham como outros.

Nada disso interessa muito de perto à ética jornalística, mas ajuda a entender um pouco do mal-estar do repórter que miseravelmente procura ser objetivo. O jornalismo como técnica informativa é anterior à etnologia que ousou indagar-se a respeito do sujeito. Parece ter passado incólume por esse tipo de indagações. E dá sinais de que não se abala com elas. Contudo, sua meta de precisão do relato, se vista à luz da distância entre sujeito e objeto, ou melhor, à luz da *proximidade extrema* entre sujeito e objeto, assume a face de uma mistificação, uma declaração de vontade, uma profissão de fé. Na prática, o jornalismo sabe, a objetividade é redondamente impossível. Também na prática, contudo, todos continuam acreditando nela — e ela está no fundamento do pacto de confiança que a imprensa mantém com a sociedade.

O pacto tem contradições internas. Diferentemente do que ocorre com o antropólogo que encara o índio bororo sob o sol dos tristes trópicos, *não há nenhum distanciamento cultural entre o homem que é repórter, o homem que é notícia e o homem que é destinatário da informação*. De onde pode então emergir a objetividade? *Objetividade* é uma palavra que vem de *objeto*. Diz-se que tem objetividade o discurso em que se expressam as características próprias *do objeto* — e não as do autor do relato (o sujeito). O jornalismo, produto que é do senso comum, adota a pressuposição tácita de que uma descrição pode ser objetiva, ou seja, pode ser inteiramente fiel às características do objeto, sem que o sujeito a deforme. E, de fato, há informações inteiramente objetivas. O anúncio pelo rádio de que neste momento preciso a temperatura na avenida Paulista, em São Paulo, é de 26 graus, é estritamente objetivo. E se basta. O placar de um jogo, zero a zero, também é uma informação objetiva. E também se basta. A notícia de que o presidente da República entrou em reunião com quatro de seus ministros no Palácio do Planalto há dez minutos é objetiva como as outras duas. Mas não se basta. Ela é uma informação que vem acompanhada de vazios informativos. Do que tratam na reunião? Que ministros são? Qual deles dá o tom das conversas? Quem tem a direção política dos trabalhos?

A objetividade passará a depender de iniciativas subjetivas daqueles que são notícia, e estas, por sua vez, só podem ser observadas por habilidades também subjetivas daqueles encarregados de informar o público. Quanto menos elementares são as informações, mais elas dependem de aspectos subjetivos para se tornarem objetivas. Ora, o jornalismo não existe para dar a temperatura de uma avenida, ou o placar das partidas do campeonato paulista, ou a cotação das ações. Ele não foi inventado para isso, embora faça *também* isso. Ele existe para pôr as idéias em confronto, para realizar o debate público, para suprir os habitantes do planeta das notícias diversas de que eles passaram a precisar para mover-se e tomar decisões na democracia moderna. Existe para narrar a aventura humana no calor da hora, para difundir notícias. Mas quem produz as notícias são os homens, são sujeitos. O jornalista é portanto um sujeito falando de outro sujeito para um terceiro sujeito. Ou é um sujeito falando com outro sujeito sobre um terceiro. E um quarto. Rigorosamente, então, o jornalismo não tem objetos — só tem sujeitos. Os repórteres, editores, fotógrafos, os câmeras — todo mundo na imprensa — têm suas definições de foro íntimo, são idênticos aos seus objetos (ou melhor, aos sujeitos que lhes servem de objetos), isto é, são iguaizinhos àqueles que são notícia e àqueles que são leitores, telespectadores, ouvintes. Como é, então, que podem descrevê-los objetivamente?

A única resposta possível é subjetiva: a objetividade depende de quem for o jornalista e de qual for a história a ser investigada e contada. A melhor objetividade no jornalismo é então uma justa, transparente e equilibrada apresentação da intersubjetividade. Quando o jornalismo busca a objetividade, está buscando estabelecer um campo intersubjetivo crítico entre os agentes que aí atuam: os sujeitos que produzem o fato, os que o observam e o reportam, e os que tomam conhecimento do fato por meio do relato. Daí a necessidade de prestar atenção nas convicções pessoais dos jornalistas. Por exemplo: como fica um repórter irlandês, católico, que reporta um enfrentamento entre jovens irlandeses católicos e a polícia da rainha? Ou então: será que a promulgação de uma lei que dá aos cônjuges de uniões homossexuais os mesmos direitos de que já dispõem os casais heterossexuais será reportada do mesmo modo por um repórter que é um ativista gay e por um outro que, membro de uma ordem religiosa, tenha feito o voto de castidade?

Não há uma resposta técnica, impessoal. De novo, ela passa por prismas subjetivos. No caso da lei sobre os cônjuges de uma união homossexual, pode ser que o segundo repórter faça um trabalho melhor, exatamente porque não tem nenhum tipo de interesse direto na causa. Ou não: pode ser que aquele que tem envolvimento direto com a matéria da lei trabalhe com mais afinco, ouça mais fontes, revele aspectos mais inusitados sobre a realidade dos casais gays. Quanto ao jornalista irlandês, e católico, ele não está de antemão impedido de testemunhar, apurar e relatar com brilho e competência uma batalha campal em que tomem parte seus compatriotas. Mas pode ser que sua condição o direcione para um ângulo mais, digamos, sectário — como também pode ser que, na tentativa de evitar o partidarismo, ele seja acometido de uma neutralidade inumana, o que arruinará seu texto.

Aqui é preciso desmontar um pequeno tabu que paira sobre a correção na reportagem. Pensa-se e declara-se que as emoções atrapalham a precisão. É um erro. O bom jornalismo nada tem a ver com a indiferença, com a neutralização do sujeito. Como toda atividade própria da cidadania, ele se alimenta também de indignação. As emoções devem integrar a reportagem assim como integram a alma humana — e, de fato, estão presentes nas mais marcantes passagens do jornalismo, nos melhores textos, nas grandes manchetes, nas fotos que fizeram história. Uma das mais célebres reportagens de todos os tempos, *Os dez dias que abalaram o mundo*, que narra com precisão a tomada do poder pelos sovietes na Rússia em 1917, foi escrita por um repórter americano, John Reed, que era um entusiasta das teses bolcheviques. Suas convicções pessoais pró-comunistas não lhe turvaram a visão nem estragaram seu texto. Há mesmo situações em que a tentativa de isentar-se inteiramente de toda emoção produz um alheamento no repórter que, aí sim, torna imprestável o seu relato. Sem a indignação, o espanto, a surpresa não há reportagem. O que não significa que o estilo deva ser meloso ou, noutro extremo, vociferante. Ele não deve ser uma esponja embebida em adjetivos: a precisão jornalística requer realçar a emoção que move os acontecimentos. A objetividade possível não é portanto a correspondência fria de uma descrição a objetos inanimados ou inumanos, mas o impacto quente dos fatos produzidos por seres humanos no discurso ininterrupto do jornalismo. Banir a emoção da informação é banir a humanidade do jornalismo.

E é banir o público. Os leitores, internautas, ouvintes e telespectadores reagem emocionalmente — com indignação, com surpresa, com asco ou comiseração — aos acontecimentos. Não se trata de irracionalismo. É legítimo que seja assim. Voltemos ao repórter irlandês. Se seu texto resultar glacial, simulando um distanciamento hermético entre o sujeito e os fatos, não conseguirá dialogar com o público, e, se não dialoga com o público, o jornalismo é ruim. Por outro lado, se for um discurso inteiramente conduzido pela ira e pelo protesto, será ineficiente para transmitir os fatos — e será mau jornalismo também. A objetividade no jornalismo, que é intersubjetividade, não pede isenção total — pede equilíbrio. Nas duas hipóteses de desequilíbrio (excesso de frieza em relação ao público, ou excesso de emocionalismo também em relação ao público), pode-se atribuir o déficit de qualidade à má adequação entre as convicções do repórter e a sua tarefa de oferecer um relato eficiente dos acontecimentos: ou ele encenou neutralidade, e frustra seu público, ou produziu uma narrativa panfletária, e confunde o público. Por uma e por outra, desinforma.

A impostura da neutralidade

Assim como atribui um sinal negativo à presença de emoção no relato jornalístico, ou exatamente por causa disso, o senso comum acalenta o ideal da objetividade sobre-humana; imagina que o bom repórter é inteiramente imune às crenças, às convicções e às paixões. O repórter ideal seria o que não torcesse para nenhum time de futebol, não tivesse suas pequenas predileções eróticas, nem seus fetiches, nem seus pecados, que não professasse nenhuma fé, que não tivesse inclinações políticas e nenhum tipo de identificação étnica ou cultural. No mínimo, o repórter ideal é aquele que parece "neutro". Sendo "neutro", ele não favorecerá um dos ângulos de sua história e, conseqüentemente, será mais confiável. Eis a síntese do bom jornalismo segundo a mistificação do senso comum. A própria liturgia do ofício jornalístico parece ainda estar envolta no mito da neutralidade.

Esse mito, que se converte numa perniciosa impostura, já foi devidamente desmascarado por autores e jornalistas das mais diversas formações. Em *A ética no jornalismo*, Philip Meyer cita uma frase de Katherine Carlton McAdams (ganhadora do Prêmio Carol Burnett-University of Hawaii-AEJMC para jornais de estudantes sobre ética jornalística) que dá uma boa síntese do drama do profissional: "Os jornalistas são pessoas reais que vivem em famílias, votam, e torcem pelo time local [...] Espera-se que todas as lealdades pessoais sejam postas de lado quando se está atuando num papel profissional — mas... os jornalistas nunca podem estar seguros de até que ponto são influenciados por fatores pessoais que controlam percepções e predisposições".[8] Meyer ironiza a pretensão da neutralidade: "Ela presume a postura do 'homem-de-Marte', o estado de alheamento total". Não raro, a fantasia de "homem-de-Marte" acaba ajudando a erguer uma trágica impostura, que põe em risco a base democrática do jornalismo. O paulistano Cláudio Abramo (1923-87), um dos jornalistas que desenhou a face da imprensa brasileira no século XX, que atuou na modernização de *O Estado de S. Paulo* nos anos 1950 (assumiu a Secretaria de Redação do jornal aos trinta anos) e da *Folha de S.Paulo*, da qual foi diretor de redação nos anos 1970, também combateu esse mito:

> A noção segundo a qual o jornalista é uma espécie à parte na humanidade, o *Homo informens*, se nos for permitida tal liberalidade, é não apenas desprovida de racionalidade como desprovida de moral e, se adotada, levaria os jornalistas a se considerarem acima do bem e do mal, ou, de outra forma, se julgarem agentes absolutamente passivos na sociedade, como uma vassoura ou uma pistola automática.[9]

Mesmo assim, a impostura da neutralidade ainda constitui uma regra. E, como toda impostura, desinforma.

O pecado ético do jornalista não é trazer consigo convicções e talvez até preconceitos. Isso, todos temos. O pecado é não esclarecer para si e para os outros essas suas determinações íntimas, é escondê-las, posando de "neutro". O pecado ético do jornalista, em suma, é falsear a sua relação com os fatos, tomando parte na impostura da neutralidade. Esse falseamento — ainda muito comum — pode ser facilmente verificado, em três variantes básicas. A primeira variante é a ocultação involuntária, que consiste em fazer de conta que não se têm convicções ou preconceitos, ou que esses não interferem na objetividade possível. Resultam daí os relatos supostamente isentos, por trás dos quais o jornalista se esconde como se sua pessoa fosse um ente impessoal e como se a notícia não fosse também determinada pelo seu modo de olhar e de narrar. A máxima segundo a qual quem deve aparecer é o fato e não o jornalista reforça a ocultação involuntária. É claro que o repórter não deve disputar com a notícia a atenção do leitor, mas os sentidos e as habilidades, naturais ou treinadas, de quem cobre um fato (intuições, modos pessoais de olhar, repertório cultural) enriquecem, e não empobrecem, a narrativa que será levada ao público. Esconder tudo isso é empobrecer o jornalismo como ofício e enfraquecê-lo como instituição social.

A segunda variante pela qual o jornalista simula neutralidade pode ser chamada de ocultação deliberada. Mais própria de editores e repórteres de maior patente, ela consiste em mascarar convicções e preconceitos sob a aparência de informação objetiva, contrabandeando, assim, para o público, concepções pessoais como se fossem informações objetivas. A ocultação deliberada se beneficia da crença do público de que a neutralidade é possível e, além de não esclarecer ninguém sobre os fatos (pois, propositadamente, transmite uma versão montada dos fatos como se fossem os fatos falando por si mesmos), alimenta ainda mais o mito do jornalista neutro. Por fim, a terceira variante é a ocultação determinada pela servidão voluntária. Acontece mais entre aqueles que "vestem a camisa" não da empresa, mas do chefe. De preferência, já suada. Os que vestem a camisa do chefe anulam voluntariamente sua visão crítica em nome do cargo, do salário, da ambição ou do medo, e assumem para si os valores, as convicções e os preconceitos de quem está no comando.

As três variantes se alternam e se completam, produzindo a desinformação não apenas no público, mas também ao longo da linha de produção da notícia. Os jornalistas, fingindo-se de neutros uns para os outros, armam entre si mesmos a impostura da neutralidade. Assim, varrem para baixo do tapete os conflitos de consciência — que não são resolvidos, e sim escondidos. O modo eticamente seguro de enfrentá-los, como já foi dito, requer a transparência. Em três níveis igualmente complementares. O primeiro é o da positividade do jornalista consigo mesmo. Aqui, a transparência depende do conhecimento que cada um é capaz de ter de si, de seus valores, de suas convicções e até mesmo de seus medos. Buscar o conhecimento de si mesmo e tentar construir fundamentações racionais dos valores que preza é um dever ético do jornalista. Por que fundamentações racionais? Porque só elas são passíveis de entrar como argumentos num diálogo racional.

O que nos remete ao segundo nível de transparência. Neste, é preciso que haja clareza e positividade na relação do jornalista com seus colegas e com seu chefe. Se o diálogo e a troca de pontos de vista não são cultivados como método numa redação, o segundo nível se torna impraticável. Mas, quando ele é possível — e deve ser, pois faz parte da formação ética do profissional, que só acontece com o diálogo sobre os valores com outros profissionais —, é também possível o tratamento compartilhado de problemas de conflito de consciência. Não se trata de fazer da redação um palco hamletiano, onde os atores se torturam entre sins e nãos que jamais se consumam. Trata-se, isto sim, de superar um modelo ainda bastante freqüente de redações onde não se conversa sobre isso. Segundo esse modelo arcaico, a ética se absorve por imitação silenciosa. Ninguém fala do assunto: os novatos se adestram pela tentativa e erro, pelo mimetismo, pela adaptação intuitiva; os mais velhos ensinam pelo exemplo nem tanto de conduta mas de reserva sobre os temas delicados.

É antes de tudo na prática que se aprende — e é na prática que se consolidam os valores. Não obstante, esse ambiente de mutismo precisa ser ultrapassado. As conversas transparentes orientam os iniciantes, obrigam os mais experientes a se explicar perante seus pares, tornam claros os critérios éticos que presidem as escolhas para cada cargo, para cada área e para cada cobertura.

Finalmente, o terceiro nível é o da transparência entre o veículo e seu público. É preciso haver a disposição de revelar e debater claramente episódios que envolvam conflito de interesses. Isso forma a visão crítica do cidadão, que é quem, no fim da linha, sustenta a qualidade do jornalismo. Ou seja: quem quer jornalismo melhor precisa ajudar a formar cidadãos melhores. Primeiro jornal a adotar a figura do ombudsman na imprensa brasileira, a *Folha de S.Paulo* costuma discutir publicamente casos de conflito de interesses e seus efeitos na independência editorial. Numa dessas ocasiões, a ombudsman Renata Lo Prete, em sua coluna dominical de 4 de junho de 2000, condenou a indicação (aceita) de um repórter do jornal para o júri de um festival de música a ser realizado pela Globo. O mesmo repórter escrevera a reportagem que, dias antes, dera a notícia do festival, mas não informou o leitor sobre sua condição de jurado. "Não há como esperar jornalismo independente dessa dupla jornada", escreveu a ombudsman. O conflito, além de ser posto pelo acúmulo de duas atividades com propósitos distintos num mesmo evento, assume também a forma de um conflito de consciência: terá ele o distanciamento necessário para cobrir criticamente a performance do júri? Discutir assuntos como esse com o leitor é um serviço para a sociedade: ajuda a formar sua mentalidade crítica a respeito do papel do jornalismo.

Mas o conflito de interesses motivado por convicções pessoais não pode ser confundido com o conflito de interesses de fundo econômico ou funcional (quando duas atividades incompatíveis são exercidas pelo mesmo profissional). Se alguém é designado editor de política de um jornal diário e acumula com essa função uma assessoria a um determinado partido político, tanto o jornal como o jornalista incorrem numa falta óbvia. O profissional pode perfeitamente declarar que isso não lhe traz nenhum drama de consciência (embora as convicções políticas pertençam à esfera da consciência), mas a caracterização de seu conflito não depende de suas convicções. Ele está posto objetivamente. O jornalista está trabalhando para dois patrões cujos interesses conflitam. A sua falta ética, portanto, não precisa passar por nenhuma razão de consciência. Qualquer código de ética estabelecerá um veto a essa "dupla jornada", retomando a expressão da ombudsman da *Folha*. As funções é que são incompatíveis, quaisquer que sejam as convicções pessoais do profissional. Não se trata, portanto, de uma questão da esfera da consciência. Os conflitos motivados puramente por razões de consciência são menos simples, exatamente porque dependem de componentes subjetivos.

Se um jornalista que aceita agrados de alto valor comercial incorre numa prática facilmente demonstrável como falta ética — pois esta é uma conduta já tipificada —, um jornalista que cobre assuntos religiosos e ao mesmo tempo professa uma religião específica pode viver intimamente um conflito de consciência e pode ser levado a imprecisões informativas por isso — mas não está cometendo nenhum deslize aparente. A liberdade de culto é uma garantia individual, é um direito. Apenas é preciso zelar para que essa liberdade não se converta numa porta pela qual os interesses estratégicos de uma ou outra religião obstruam, por meio da consciência de um repórter, ou de um editor, o direito à informação do cidadão. É só disso que se trata. De resto, a decisão sobre ser ateu, agnóstico, católico ou umbandista pertence ao foro íntimo de cada um — e não se pode esperar que o jornalismo exija que seus praticantes abram mão da própria consciência.

Do mesmo modo, não se pode pretender que todos os que cubram assuntos religiosos sejam indiferentes às manifestações da fé. Não faz sentido. Como seria o jornalismo se todos os que falassem de futebol não apreciassem a arte dos craques, se todos os que cobrissem a área política defendessem a abstenção sistemática em todas as eleições, se todos os que fotografassem moda considerassem todos os desfiles uma celebração de futilidade e se todos os que escrevessem sobre religião fossem ateus resolutos? O ideal ético para superar esses dilemas de consciência requer a derrubada da impostura da neutralidade e, em lugar dela, a busca de um equilíbrio, de uma pacificação entre as convicções e crenças pessoais do jornalista e o nível de objetividade requerido pelo público. Do encontro desse equilíbrio depende a condição de diálogo do jornalista (e do veículo) com o seu público. Em outras palavras, a legitimidade do jornalista como narrador dos fatos sociais depende também do encontro desse equilíbrio. Trata-se portanto de um equilíbrio que se estrutura como uma conciliação possível entre a consciência do jornalista, seu dever de ofício e as demandas postas pelo público.

Esse equilíbrio não é um ponto fixo, não é um referencial absoluto, mas um centro relativo, que se desloca à medida que se transformam a cultura e a mentalidade da comunidade. Ou seja, a pacificação possível entre os limites de consciência de cada um e a objetividade requerida pelo público em relação aos fatos guarda uma sintonia com a mentalidade geral do público. Com base nisso, pode-se dizer que a percepção de neutralidade emerge como ilusão de ótica. Como o equilíbrio a ser alcançado pelo jornalista (ou pelo veículo em que ele trabalha) representa um centro que se desloca em sintonia com a transformação da cultura e da mentalidade do público, mantendo com essas um paralelismo constante, nasce no próprio público a sensação de que o centro ocupado pelo jornalista é um ponto fixo no universo social. Daí, aquele que ocupa o papel legitimado de narrador dos acontecimentos assume a imagem de imparcial. Pela ilusão de ótica, o bom jornalismo seria então aquele que não toma partido de nada. Na verdade, porém, é aquele que sabe se pôr no centro de tudo, não aos olhos do mundo inteiro, mas do seu público específico. O centro ocupado pelo observador parece ser um centro fixo, mas ele é apenas um ponto de equilíbrio relativo à luz do público específico.

Isso vale para as questões políticas, religiosas ou de costumes. O campo dos costumes, aliás, é particularmente ilustrativo. O jornalismo não fica olimpicamente alheio aos padrões de comportamento sexual, por exemplo. Ele não é neutro, não é indiferente, mas reage a esses padrões, registra-os e consolida-os, atuando mais ou menos emocionalmente. O decisivo aqui é que o jornalismo sempre acompanha o deslocamento do centro de gravidade da mentalidade do público ao qual ele se destina. Se não acompanhar, rompe as ligações do diálogo. O jornalismo não apenas se dirige a um público, mas, como discurso, origina-se também desse público. Não é algo que se dirija ao público de fora para dentro, mas é uma expressão do público dirigida ao próprio público. O jornalismo acontece como comunicação social e pública. O jornalista não pode, portanto, estar neutro — ele é tão comprometido quanto qualquer cidadão. Por isso é que precisa vigiar-se de um modo especial. Se a neutralidade fosse realmente possível, essa questão não seria uma questão ética.

A virtude de estar no centro faz parte da natureza política do jornalismo: implica conceder um pouco a cada força entre todas as que atuam no espaço público. O centro (ou a ilusória "neutralidade") tende a coincidir com o centro da força hegemônica na sociedade. Se a força hegemônica for o poder econômico falando sozinho, sem mais interlocutores, o equilíbrio jornalístico se aproxima do que atualmente se chama de discurso (ou pensamento) neoliberal. Se a afirmação dos direitos sociais tiver mais peso, como teve nos tempos do *welfare state* na Europa, o centro se confundirá com o ideário da social-democracia. Em matéria de costumes, a "neutralidade" jornalística certamente não é a mesma em San Francisco e em Teerã (onde, aliás, os jornais são censurados e fechados). É por saber disso, e não por acreditar na ilusão de ótica, que o melhor jornalismo procura evitar ao máximo o conflito de consciência. Um repórter pode ser adepto do islamismo, mas não pode se pôr a serviço dos interesses estratégicos de sua religião em detrimento da informação tal qual o público a reclama. Quando a sua religião o leva a isso, ou quando se tem a aparência de que sua religião o leva a isso, ele precisa ser afastado daquela cobertura, ou daquela editoria, ou daquele veículo. O mesmo ocorre com a área política. A razão de evitar o conflito de consciência não é a fé na neutralidade, como se pensa, mas o seu contrário: é a percepção, pelos jornalistas, ao menos pelos melhores, do engajamento natural de que se alimenta o jornalismo. É por estar visceralmente atado às paixões humanas e aos valores sociais que ele deve se policiar.

Partidarismos

O envolvimento político é expressamente condenado pelos códigos de ética americanos. Para os mais ortodoxos, é um princípio rígido: o jornalismo e o exercício da atividade política pelo jornalista são campos antagônicos, que não admitem conciliação nem coexistência. Ou se opta por um, ou por outro.

Na vida prática, porém, não dá para ser assim tão purista. Há um quê de "homem-de-Marte" nessa concepção de jornalista absolutamente não político. O profissional de imprensa tem uma formação intelectual, sofre (ou já sofreu) influências de doutrinas e filosofias as mais diversas, tem um senso de justiça social, tem opções como eleitor. E é bom que seja assim: um sujeito obsessivamente apolítico não se dará bem nesse ofício de informar o público. O jornalismo requer de seus praticantes alguma dose de vocação política: é desejável algum talento para liderar equipes e também a opinião pública, além de sensibilidade (política) para as tensões que angustiam ou mobilizam a sociedade. O jornalismo tange a esfera do poder, critica e vigia os governantes e, nesse sentido, é uma atividade social marcadamente política — mas é política pela informação, pela opinião, e não pelo partidarismo. O jornalista, portanto, sobretudo o jornalista político, é um político fazendo política por outros meios. Assim como são políticos os veículos voltados para a cobertura política, e é político o pacto de confiança que esses veículos estabelecem com o público. Por isso o envolvimento partidário pode ser danoso, mas, também por isso, é preciso relativizar o princípio pelo qual não pode haver envolvimento político de nenhuma forma na pessoa do jornalista — pois, se ele não tivesse nenhuma formação política, não seria um bom jornalista político.

O que não pode haver é uma ligação formal de subordinação pública entre o jornalista dedicado à cobertura política e um partido: ele não está na profissão para obedecer ao partido, mas ao interesse público. Mas essa exigência não pode ser encarada como uma lei absoluta. Ela somente faz sentido quando vista à luz dos casos específicos. Não se trata de um imperativo incondicional válido para todos os jornalistas de todos os tempos e de todos os lugares, mas de uma regra destinada àqueles profissionais que cobrem assuntos políticos. O objetivo da regra é apenas evitar a perda (ou perda aparente) da independência. Não há problema se o sujeito é repórter de uma revista esportiva e, ao mesmo tempo, participa de uma organização não governamental cuja finalidade é proteger as florestas tropicais. O inadmissível é, por exemplo, ser ao mesmo tempo militante ativo num partido e repórter de assuntos nacionais num jornal ou numa revista que prometa informações colhidas e editadas de um ponto de vista apartidário. Portanto, ao recomendar aos jornalistas o distanciamento dos vários tipos de movimentos comunitários, mais ou menos partidários, o espírito dos códigos visa preservar a independência editorial. Preservando a independência, os códigos protegem a qualidade de informação que é oferecida à sociedade.

Mas isso é só metade da equação. Para que a independência se efetive, é preciso que o proprietário desse jornal ou dessa revista tome os mesmos cuidados que seus empregados ou colaboradores jornalistas. Por isso, as normas éticas do jornalismo americano costumam abranger tanto a conduta dos profissionais como a dos veículos e a dos patrões. Tanto o jornalista como o seu empregador, diz o Código da Society of Professional Journalists (SPJ), devem evitar empregos públicos, envolvimento político e até mesmo fazer serviços em organizações comunitárias quando isso puder comprometer ou dar a aparência de que compromete sua independência.

Do ponto de vista de quem comanda redações e contrata jornalistas, os conflitos de interesses não financeiros (os conflitos de consciência) começam a ser enfrentados pelo bom gerenciamento de equipe. Ou, no linguajar dos executivos, pela boa gestão de recursos humanos. Os profissionais designados para uma função devem ter um perfil de consciência adequado àquela função. Em outras palavras, é preciso que as convicções e os valores de quem é escalado para um cargo estejam em sintonia com a objetividade que o público espera de quem exerça aquele cargo. Mais óbvio impossível, certo? Certo, mas a responsabilidade dos que comandam as redações quase nunca é lembrada quando os conflitos de consciência vividos por um repórter ou por um editor começam a arranhar a credibilidade de um veículo. Ao recrutar e promover alguém, um chefe pode estar acendendo o pavio de um conflito danoso, ou pode estar resolvendo por antecipação esse tipo de embaraço. Isso significa pedir "atestados ideológicos" aos candidatos a uma determinada vaga? Não: o atestado ideológico — que tem um certo gosto de caça às bruxas — não ajuda em nada. O critério não passa por investigações do passado ideológico de ninguém, mas fixa-se em verificar a honestidade com que esse profissional lida com suas próprias convicções diante dos debates públicos. Se ele é fiel a elas e confiável aos olhos dos seus interlocutores, é forte candidato a ser um bom jornalista. Além disso, é preciso que os critérios de recrutamento e promoção sejam racionais e de fácil compreensão. Assim, funcionarão como balizas para a conduta geral.

Já do ponto de vista de quem é contratado — ou de quem quer ser contratado —, de quem é promovido ou quer ser, os conflitos desse tipo começam pela administração da própria carreira. Há aqui um cuidado específico a ser observado. Não adianta nada decretar-se neutro, isento e apartidário de uma hora para outra. O mito da neutralidade leva muitos jovens profissionais a encenar para os chefes uma isenção que de fato não possuem. Em silêncio, agridem suas convicções íntimas mais arraigadas. Isso é tão pernicioso numa redação quanto as veleidades dos aprendizes que não aceitam ser corrigidos. Estes, os petulantes, são logo expelidos. Os camaleões, contudo, recém-convertidos à impostura da neutralidade, costumam durar um pouco mais e não têm noção da desinformação, que carregam em si como um vírus. Quem, apenas para agarrar uma vaga, finge que abraçou um ideário que na verdade mal conhece está inadvertidamente abrindo mão da espontaneidade e da intuição, fatores básicos do trabalho jornalístico. Não é tão difícil entender por quê.

O que chamamos aqui grosseiramente de perfil de consciência de cada um — que é composto dos valores, da formação religiosa, das convicções e, de modo mais profundo, dos medos, da noção de pecado, dos desejos etc., ou seja, dos fatores conscientes e inconscientes — pode ser definido como o discurso de fundo que cada profissional traz consigo. Os modos de olhar, as percepções mais sutis, as reações ao inesperado, tudo isso emerge desse discurso de fundo. Trata-se de um repertório tão natural no comportamento de alguém quanto a língua materna é natural na fala. Falsear deliberadamente esse repertório pode ser perigoso para o sujeito e, se esse sujeito for jornalista, é também perigoso para aqueles que serão informados por ele. Esse jornalista terá perdido o referencial de sua intuição e de sua espontaneidade: vai se transformar num repórter ou num editor mecânico, em permanente desencontro com o seu modo "natural" de agir, pensar, olhar e reagir. Enquanto ele permanecer assim, estará renunciando ao brilho e ao talento. Será mediano, ou medíocre. Ou ele encontra o ponto de equilíbrio entre seu dever profissional e seu repertório interno — e buscar esse equilíbrio é um dever ético —, ou ele não atingirá um nível ótimo de performance. Mesmo assim, não faltam exemplos de conversões abruptas na corrida por empregos bem remunerados. É uma pena. E é uma das causas das mazelas da profissão.

Opinião e informação

Voltando ao ponto de vista dos veículos, há uma outra ordem de atitudes que ajudam a evitar que visões subjetivas contaminem o relato dos fatos. Agora, já não se trata da escolha do time, da gestão de recursos humanos, mas da transparência em relação ao público. Do mesmo modo que é preciso zelar para que a independência de cada repórter contribua para a independência final do veículo, é preciso ajudar o leitor a distinguir o que é opinião do que é informação. Daí vem a antiga norma ética de separar aos olhos do público o que são artigos opinativos (que expressam visões subjetivas) do que são as reportagens (que têm a pretensão de objetividade). Separando uma coisa da outra, joga-se limpo.

Nos Estados Unidos, os mais importantes códigos de ética, tanto de associações profissionais como de associações de empresas, recomendam a distinção. Assim acontece com o Código da Sociedade de Jornalistas Profissionais americana ("A prática sadia faz uma clara distinção entre reportagens noticiosas e expressões de opinião"), com o Código da Associated Press Managing Editors Association ("Os editoriais e outras expressões de opinião por repórteres e editores devem ser claramente rotulados") e com os Cânones do Jornalismo da American Society of Newspaper Editors, a ASNE ("A prática sadia estabelece clara distinção entre reportagens noticiosas e expressões de opinião. As reportagens noticiosas devem ser livres de opinião ou preconceito de qualquer espécie").

Os maiores jornais do mundo — e a maior parte dos menores, que os imitam — têm nisso um ponto de honra. Os editoriais e os artigos assinados são claramente postos à parte dos textos informativos. Essa divisão ajuda a cimentar o pacto do veículo com o público: de um lado, editores e repórteres procuram, até onde sua consciência alcança, não contaminar o relato dos fatos com visões opinativas; de outro, a audiência é orientada a distinguir os relatos baseados em observações empíricas relativamente impessoais, ou seja, as reportagens, dos exercícios de argumentação, ou seja, os artigos opinativos. Trata-se de um pacto de intenções. A confiança se apóia naquilo que uma redação promete *procurar fazer*, isto é, na tentativa de buscar separar ao máximo opinião de informação.

Alguns desdenham dessa separação, alegando que ela não passa de formalidade. O fato, no entanto, é que a simples observância da formalidade, assim mesmo, como formalidade, já indica uma tendência de respeito à confiança do público. Um jornal será tanto mais confiável quanto menos as argumentações expressas em seus editoriais interferirem na correção empírica de suas reportagens.

Ao contrário do que se verifica nos jornais, a maior parte dos noticiários de TV não prima pela separação entre opinião e relato factual. Excepcionalmente, o que distingue a opinião — opinião do editor ou do âncora — em alguns telejornais é um sutil movimento de câmera, que aproxima o rosto do apresentador. Só muito raramente o telespectador é convidado a ouvir a leitura de um editorial explicitamente chamado de editorial. Também nas revistas semanais e mensais não existe uma linha visível isolando opinião de informação. A fórmula editorial pela qual elas são confeccionadas não prevê essa distinção. As revistas têm uma utilidade diferente da dos jornais. Enquanto estes oferecem a informação bruta — sua missão é dizer o que se passa imediatamente —, as revistas, de periodicidade mais espaçada, fornecem os contextos dos fatos, interpretam o noticiário, explicam-no, dão a ele uma direção.

A fórmula da revista semanal de informação, inventada pela *Time* nos anos 1920, propõe-se a dar a resenha dos fatos da semana — o que significa *interpretar* os acontecimentos para o leitor. Ora, isso requer que uma visão de mundo esteja presente em todas as páginas da revista para determinar o peso que cada um dos muitos fatos vai merecer naquela edição, e de que modo esses fatos serão enfocados. Diz-se que o texto das revistas (não apenas as semanais) é "editorializado" e que, às vezes, parece que foi escrito por um único autor. É verdade, mas isso não é nenhum defeito ético. Isso é apenas da natureza do veículo. Daí vem a sua utilidade. Nas revistas, é natural que a opinião do editor pontue todo o conteúdo noticioso, confundindo-se aí com a informação objetiva.

Aliás, não é raro que julgamentos subjetivos — do editor — sejam incorporados ao texto como se fossem dados objetivos. Exemplos disso podem ser encontrados semanalmente. Um que já foi bastante comentado — e que ainda se presta a fins didáticos — é a reportagem de capa da revista *Veja* sobre o cantor e compositor Cazuza, publicada na última semana de abril de 1989: "Cazuza: uma vítima da AIDS agoniza em praça pública". Rigorosamente baseado nas declarações do próprio roqueiro, o texto é objetivo e repleto de informações factuais. Ao mesmo tempo, é qualificativo. Cazuza é caracterizado como "garoto-problema", "homem-problema" e "doente-problema". Foi, claro, uma edição polêmica. Mas ela é lembrada aqui não pela controvérsia que causou, e sim pelo que ela deixa ver da fórmula do texto nas revistas semanais.

Numa passagem do texto, fica bem claro o modo como a opinião — do editor — se confunde com o relato informativo: a parte em que se afirma que Cazuza "não é um gênio". Trata-se de uma opinião (certa ou errada, não importa) expressa como se fosse fato. Segundo quem Cazuza não seria um gênio? E quem, em contrário, sustentava em sua obra algum sinal de genialidade? Qual critério de classificação estética permitiria afirmar que o cantor não era genial? O critério era a opinião da própria revista. Assim, a não-genialidade de Cazuza era tomada como um dado da realidade, objetivo e pacífico, e, o que é ainda mais sintomático: na lógica do texto, funcionava como a premissa para que ele merecesse aquele enfoque não laudatório. Cazuza era um doente-problema, e assim era retratado, porque não era um gênio. A opinião, portanto, embasava e organizava o relato factual.

As críticas à reportagem apontavam sensacionalismo e moralismo da parte da revista, o que se pode discutir, mas o fato é que o tom "editorializado" é natural, congênito, na fórmula consagrada da revista semanal de informação. Pode-se errar ou acertar na dose, mas o componente da opinião é indissociável do modo como se desenvolve o texto. Não é por acaso que os títulos das reportagens exprimem muito freqüentemente um julgamento, como se fossem pequenas sínteses da moral da historinha, ou apelidos para personagens conhecidos, ou piadas qualificativas. Essa editorialização, em si, não é um falseamento. Ela é um traço de nascença nas revistas.

Nas revistas de um modo geral (não apenas nas semanais), o único texto que nomeadamente traz a opinião da revista — o único "editorial" propriamente dito — costuma ser a "carta ao leitor", que vem logo nas primeiras páginas. Ali, o editor se manifesta sobre tópicos abordados na edição, ou sobre os talentos de sua equipe e, de vez em quando, comenta um problema de interesse público, criticando ou elogiando autoridades e sugerindo ou aplaudindo soluções. Como regra, no entanto, a opinião do editor se espraia por todas as páginas. Não se restringe à "carta ao leitor", mas comparece em cada título, em cada legenda, em cada nota. As revistas não pretendem nem dizem pretender retratar o mundo e a vida como eles são, mas pretendem fazer uma leitura do mundo, uma interpretação da realidade — e é com isso (com essa leitura, com essa interpretação) que o leitor se identifica. Diz-se até, não sem vaidade, que as revistas devem ter "a cara do editor".

Além de vaidosa, é uma presunção ilusória. Na verdade, a boa revista tem a cara de seu público. A visão de mundo do editor não é forjada no interior da cabeça dele para daí espalhar-se pelo universo dos leitores; apenas representa uma consolidação de opiniões médias do público ao qual se destina, e a isso acrescenta alguma pitada de surpresa e de invenção. O bom editor já não é o visionário que, como nos ideais do iluminismo, iria promover o esclarecimento do povo sequioso de luzes. O bom editor é aquele cuja visão de mundo é bem próxima à do seu leitor. Tem uma certa ousadia aqui, um toque de conservadorismo ali, mas não pode pretender nada de espetacularmente original sob pena de não conseguir termos de diálogo com o leitorado.

A fórmula das revistas assimila e prevê a incidência subterrânea da opinião na forma de articular as informações — mas, importante, essa opinião já é, ao menos em parte, uma visão compartilhada pelo público. O que se confirma mesmo nos casos mais conturbados. O tom não laudatório da reportagem que *Veja* publicou sobre Cazuza em 1989 gerou protestos e abaixo-assinados. Mas, das 625 mensagens recebidas pela redação, 59% endossavam a matéria. Ela representava os humores ao menos de parte de seu leitorado. E sempre é assim. A opinião que norteia a edição das grandes revistas é menos "a" opinião do encarregado de plantão e mais a expressão média das inclinações do público. É possível, aliás, que essa característica — a de corresponder a uma demanda do público em termos de visão de mundo — esteja no fundamento da fórmula predominante nas revistas, que é o entrelaçamento entre a opinião e a informação. Independentemente de certa ou errada, de mais ou menos confusa, de menos ou mais objetiva, foi essa a receita que se consagrou no mercado editorial das democracias ocidentais.

A opinião partidária

Quando a opinião, e, mais ainda, a opinião partidária, prevalece sobre o bom senso e sobre a verdade dos fatos, aí, sim, tem-se o que as normas clássicas do jornalismo vão chamar de partidarismo. Trata-se de um desvio condenável. O Código da Sociedade dos Jornalistas Profissionais dos Estados Unidos é taxativo: "O partidarismo viola o espírito do jornalismo americano". A neutralidade é impossível, e a objetividade — ou o que se chama de objetividade em jornalismo — é uma conquista efêmera, não durável, relativa e precária, mas, sobretudo em política, um mínimo de distanciamento crítico pode e deve ser pretendido pelos profissionais de imprensa. É bom não esquecer que a função de fiscalizar o poder (uma função política, por excelência) está entre as razões que justificam a existência da imprensa. E fiscalizar o poder significa vigiar governantes e possíveis governantes, ou seja, vigiar também os partidos e os políticos, sejam eles da situação ou da oposição. Ora, sem distanciamento crítico não há fiscalização possível.

Um jornal que se pretenda apartidário pode, dentro do que se entende por normalidade ética, recomendar o voto num ou noutro candidato, excepcionalmente, desde que o faça no espaço reservado aos editoriais. Pode também apoiar um projeto de lei, ou pedir a demissão de um ministro. Mas sempre em editoriais. Isso é interferir em assuntos políticos? Sim. Mas é uma interferência legítima. Ao opinar, deixando claro que está opinando, o jornal não está distorcendo o noticiário para atingir um fim político; está simplesmente expressando com transparência a sua proposta. Mas nas revistas, nas quais não há uma demarcação explícita entre um texto de editorial e um texto de reportagem, às vezes uma questão de opinião aparece como se fosse a mera constatação de fatos.

Um dos exemplos disso foi a edição da revista *Exame* de 28 de setembro de 1994. O Brasil vivia a campanha eleitoral pela Presidência da República. Assumindo o apoio a um dos candidatos, *Exame* trouxe a seguinte chamada de capa: "Por que Fernando Henrique é melhor". Ao se dirigir ao texto no interior da revista, o leitor encontrava o título: "Nunca foi tão fácil fazer a opção certa".[10] Texto de opinião? Talvez, mas não era isso que asseguravam as palavras logo acima do título, no alto da página: "Reportagem de capa". Como uma reportagem, ou seja, como um relato objetivo de fatos empiricamente verificáveis por qualquer observador, o texto dizia: "Há um candidato à Presidência diante do qual os demais se apequenam: o tucano Fernando Henrique Cardoso. Ninguém reúne tantas condições, como ele, para comandar a arrancada que se vislumbra para o Brasil".

Há duas abordagens possíveis para examinar o problema do partidarismo nessa reportagem de *Exame*. A primeira delas concluirá que uma capa como aquela, em defesa de uma candidatura específica, não representa nada de anormal. Essa abordagem se baseia na premissa de que uma boa revista de informação deve refletir na média a inclinação de seus leitores. Ela, além de informá-los, pode também representá-los. Ao declarar que um dos candidatos é "melhor", em tese está refletindo a opção média do leitorado. E assume uma responsabilidade e um risco. Se sua atitude oferece perigos a alguém, é somente a ela mesma. Se não estiver em sintonia com seu público, poderá perder a confiança dele. Por essa argumentação, a capa de *Exame* não trouxe riscos para mais ninguém, além dela mesma — não ameaçou propriamente a democracia; apenas favoreceu um candidato em detrimento de outros.

Em favor dessa primeira abordagem, deve-se ter em conta o peso específico de uma revista como *Exame* na esfera pública. Não se pode pretender que, ao defender uma candidatura, uma revista especializada em negócios e economia, com cerca de 140 mil exemplares de circulação na época, tenha o mesmo impacto que uma emissora de televisão de canal aberto. O partidarismo das emissoras de televisão, quando acontece, distorce o noticiário e tem efeitos sobre milhões de telespectadores, alguns deles analfabetos (que não dispõem de outras fontes de informação que não a TV). Uma revista como *Exame*, ao contrário, abrange um público segmentado e bem informado. Ao assumir uma posição declarada perante a eleição, ela deixa ao seu leitor a opção de discordar. Como se fosse um editorial de jornal diário. Admita-se então que, embora autoproclamado "reportagem de capa", o texto de *Exame* pôde ser lido como se fosse um editorial.

A segunda abordagem é mais crítica — e localiza um exemplo de partidarismo naquela edição de *Exame*. Por quê? Porque a revista faz parecer um fato empírico simples o que, na verdade, é uma opinião eleitoral. A reportagem de capa sobre Fernando Henrique sugeria ao leitor que o candidato era "o melhor" de fato, isto é, que ele era "melhor" porque sua superioridade seria objetiva, assim como a dívida externa é um número exato e o peso de um boxeador é um número exato. Logo, o que estaria em jogo no pleito não seriam programas diferentes para governar o país, mas apenas uma proposta correta contra outras mais ou menos equivocadas. Equivocadas *de fato*. Ora, todos sabem que diferentes eleitores podem ter diferentes prioridades, e sabem também que o candidato mais indicado para governar segundo as prioridades de A pode não ser o mais indicado segundo as prioridades de B. Por isso, aliás, é que as eleições constituem um processo universalmente aceito nas democracias: elas consagram não "o" melhor, mas o que mais (ou melhor) representa os anseios da maioria.

Portanto, dizer que um candidato "é melhor" que os outros

só faz sentido se se deixam explícitas as premissas da escolha: melhor para quais interesses?; melhor para que segmento da sociedade?; melhor para fazer o quê, segundo quais diagnósticos? *Exame*, no entanto, pretendeu demonstrar — com declarações, fatos e expectativas de fatos futuros — que Fernando Henrique seria "melhor" com base em razões que seriam universais, que teriam a mesma validade para qualquer eleitor brasileiro, independentemente de suas condições sociais, econômicas, partidárias, e de suas prioridades. Por isso, funcionou como uma peça partidária, de convencimento político. É verdade que um certo tom "editorializado" está presente na maioria das reportagens da maior parte das revistas. Mas, ainda aí, o partidarismo constitui um limite a ser observado no texto, sobretudo quando se trata de reportagem. Nesse sentido, pela segunda abordagem, é possível argumentar que, com sua capa, *Exame* beneficiou-se da aproximação natural que as revistas promovem entre opinião e informação, ultrapassando o limite do partidarismo.

As opiniões que prevalecem

Quanto a partidarismos, resta ainda um comentário a ser feito. Quando o assunto é eleição, os donos dos meios de comunicação, na prática, têm mais espaço para se manifestar do que os jornalistas empregados. É um desequilíbrio. Nos editoriais de jornal ou nas capas de revista, as opiniões partidárias que prevalecem são as opiniões da empresa ou do dono. Ao que alguém poderia objetar: "Ora, nada mais lógico. Afinal, os veículos são propriedade particular deles. Se a opinião não fosse a deles, de quem mais haveria de ser?". Bem, trata-se de um fato insofismável. Se o jornalista quiser opinar diferentemente sobre o melhor candidato numa eleição presidencial, que se torne sócio controlador de um jornal ou de uma revista, ou crie um site na internet e torça para que ele seja um sucesso.

Ironias à parte, o fato é que a simples constatação de que

os empregadores têm mais condições de opinar do que os empregados indica mesmo um desequilíbrio. A imprensa, afinal, atende a um direito extramercado, o direito à informação, e esse direito pressupõe o livre debate de idéias. Quando um único segmento da sociedade — aquele composto dos que são donos de rádios, televisões, jornais, revistas, sites na internet — opina mais que os outros setores, algo não vai bem. E, no Brasil, não vai bem sobretudo na televisão. O que é ainda pior. Sendo concessão pública, uma emissora de rádio ou de televisão não é exatamente propriedade privada como são os jornais e as revistas. O dono das emissoras não é completamente dono, ele é apenas um concessionário — e, eticamente, deveria ter alguma cerimônia para pôr no ar as suas opiniões. Como os donos não costumam ter cerimônia nessa matéria — ao contrário, as emissoras vêm sendo explicitamente usadas para fins eleitorais, ao menos até as eleições de 1998 —, o desequilíbrio entre os que podem opinar e os que não podem apresenta proporções continentais.

UMA FRONTEIRA DA VISÃO LIBERAL SOBRE CONFLITO DE INTERESSES

Na prática, a ética jornalística sobre conflito de interesses é a ética da empresa. É dentro dela que se conceituam os conflitos e os métodos para superá-los. Ou seja: no espaço privado (no âmbito interno de uma companhia particular), enfrentamse problemas que, em tese, pertencem à esfera pública (pois a independência editorial corresponde ao direito à informação, que é de ordem pública). No aspecto específico do conflito de interesses, não é incomum que jornais, emissoras e editoras de revistas adotem normas internas para os seus funcionários. São normas éticas *da empresa* — uma solução privada —, que, em parte, correspondem a uma expectativa pública. Mas só em parte. Na verdade, o que leva um empresário a tentar evitar o conflito de interesses é sua clareza de visão. Ele enxerga que, se seus veículos perderem a independência (ou a aparência de independência), seus negócios irão mal. Portanto, é o mercado quem teria os mecanismos para motivar as companhias privadas a zelarem pela independência editorial e a combaterem o conflito de interesses. A teoria, ao menos, sempre foi essa. Mas será que hoje o mercado é realmente um juiz confiável?

As megafusões e os conglomerados da mídia

O método "igreja-estado" revelou-se eficiente para dirimir conflitos no âmbito interno das empresas de comunicação. Mas ele é um método datado. Fazia todo o sentido num mercado em que as empresas de comunicação se dividiam entre aquelas mais voltadas para o entretenimento — como as que produzem filmes e discos — e aquelas empenhadas em prover a sociedade de informações jornalísticas — como os jornais e as revistas jornalísticas. Hoje, o mercado não é mais assim. As emissoras de rádio e televisão, quando surgiram, começaram a fundir os dois negócios num só. Elas veiculavam tanto as obras de ficção como programas de reportagens e documentários. O seu lucro dependia mais da fidelidade do público, e da extensão desse público, e menos da qualidade estritamente editorial de seus conteúdos informativos. Antes de o modelo das emissoras de televisão adquirir hegemonia no mercado editorial, a empresa jornalística era uma entidade auto-suficiente. Os jornais, sobretudo os de mais tradição, permaneciam funcionando como empresas autônomas, ou seja, seu negócio era jornalismo e só jornalismo. A publicidade vinha como conseqüência do vínculo essencial que essas empresas travavam com seus leitores: se estes confiavam na informação, se eram fiéis, se eram muitos e se tinham bom poder aquisitivo, a publicação vendia bem e o anúncio atingia um alto preço. A saúde financeira dos grandes jornais decorria diretamente da qualidade jornalística que eram capazes de oferecer ao público. O jornal era o negócio. O jornal era a empresa. Aí, a independência editorial se confundia com a independência da própria empresa.

Em outras palavras: se a empresa não dependia de nenhum anunciante em particular, ela se encontrava com um alto grau de liberdade para informar sem maiores constrangimentos. Portanto, evitando conflitos entre o interesse do leitor e o interesse do anunciante, resguardava automaticamente a qualidade do seu produto: as notícias cotidianas que vendia na sociedade. À medida que o entretenimento passou a englobar o negócio jornalístico, a configuração do negócio se alterou. A partir da década de 1980 e, de modo mais acentuado, a partir dos anos 1990, grupos econômicos que antes exploravam apenas o entretenimento começaram a fundir-se com outros antes dedicados ao jornalismo. Um marco dessa tendência foi a fusão da Time (empresa jornalística) com a Warner (entretenimento). O jornalismo, pouco a pouco, foi mudando de lugar: o que antes eram empresas independentes começou a se transformar em departamentos no interior dos grandes conglomerados da mídia. Mais: os jornalistas dessas empresas passaram a ter também, como objetos de seu interesse, de sua cobertura e de sua análise, produtos culturais — filmes, CDs, vídeos e livros — gerados por seus empregadores.

Com isso, o velho desafio do jornalismo, o de ser independente do anunciante ou do governo, também mudou de lugar. Agora, trata-se de saber se ele consegue, além de ser independente do governo ou do anunciante, ser independente dos próprios donos. O negócio dos meios de comunicação mudou de escala. Em janeiro de 2000, quando a America Online assumiu o controle da Time Warner por 162 bilhões de dólares, o mundo viu surgir um gigante avaliado em 350 bilhões de dólares, cujo faturamento anual é da ordem de 30 bilhões de dólares. Na economia globalizada, essas associações são transnacionais e envolvem valores que muitas vezes se comparam ao PIB somado de alguns países mais pobres. O que complica ainda mais o problema. Como fica a independência jornalística num país em que o fôlego financeiro dos acionistas consegue ser mais forte que o porte da maioria das empresas nacionais? É o caso de relembrar a edição de 21 de novembro de 1998, da revista inglesa *The Economist*, que identificou a oligopolização da mídia mundial. Neste cenário, o velho tópico do conflito de interesses assume outro porte. Muito maior e mais complexo.

Em termos clássicos, ou melhor, de acordo com o modelo de mercado em que a independência jornalística se confundia com a independência da empresa jornalística em relação a seus anunciantes e aos governos, bastava que a empresa não dependesse visceralmente de forças econômicas fora dela mesma para que os seus jornalistas desfrutassem de liberdade para apurar o que fosse de interesse público. Agora, no entanto, é preciso que a atividade dos jornalistas de um conglomerado da mídia não seja constrangida pela pressão, velada ou explícita, dos braços desse mesmo conglomerado que se dedicam ao entretenimento. Esse é hoje o desafio para os que querem preservar a reportagem de tudo o que seja estranho ao direito à informação.

Para isso, o mercado já não oferece parâmetros seguros. Se se transportam os critérios de independência da velha empresa jornalística autônoma para dentro dos atuais conglomerados da mídia, o que se tem é um conjunto de regras anacrônicas. Antes, havia margem para entender que os interesses do cidadão estariam garantidos pela independência das empresas jornalísticas. Se estas se dedicassem exclusivamente ao negócio de informar o público e se fossem de fato independentes (tanto em termos financeiros como políticos), poderiam atuar como representantes, no mercado, do direito à informação que pertence ao cidadão. Podia-se mesmo afirmar que elas eram "mandatárias" — para usar aqui uma metáfora bastante cultivada pelo liberalismo — do cidadão. Comprando um jornal, por exemplo, ele estaria conferindo à empresa jornalística um "mandato" para que ela exercesse a função social de informá-lo. Se seu jornalismo fosse bom, o jornal seria mais vendido, e os lucros viriam na exata proporção da qualidade da informação. Hoje, as coisas já não são assim. O negócio dos conglomerados da mídia *não é exclusivamente o jornalismo*, e, em alguns casos, o jornalismo é mesmo um departamento secundário, de sorte que os velhos critérios baseados na hipótese do "mandato" do leitor já não são suficientes. Não há mais nenhuma relação de equivalência entre o direito do cidadão de receber informações confiáveis e a independência da empresa. Como esta não é apenas uma empresa jornalística, sua independência financeira e política não se traduz necessariamente em independência editorial. Pode haver um conglomerado que não dependa nem de determinados grupos de anunciantes em particular nem do governo, e, nem por isso, o jornalismo, dentro dele, será independente. Este poderá estar atado aos interesses econômicos dos acionistas em outras áreas econômicas que não o jornalismo. Antes, os critérios de mercado de alguma forma encontravam coincidência com os direitos do cidadão. Agora, já não podem ter a mesma pretensão.

As regras que antes resguardavam a independência editorial precisam ser atualizadas. Nada indica que não haverá contradições entre os interesses do capital e os interesses da cidadania. Ao contrário, abre-se entre ambos um vasto feixe de antagonismos. A democracia exige a pluralidade dos veículos informativos no espaço público, exige a diversidade de pontos de vista e de opiniões — os conglomerados tendem à concentração de capital e de poder. A confiar unicamente nas receitas forjadas pelo mercado para preservar a independência editorial, o cidadão corre o risco de se ver abandonado às circunstâncias do grande capital.

Hoje, a pergunta é uma só: o jornalismo pode ser independente do dono? O drama foi vivido publicamente pela revista *Time*, após a fusão com a Warner. Em sua edição de 21 de outubro de 1996, ela trouxe um editorial que expressa de modo enfático a necessidade de independência do jornalismo cultural em relação à indústria do entretenimento, na qual, justamente, a Warner é uma das maiores forças. O *managing editor* Walter Isaacson assinou um texto cujo objetivo era pôr às claras a situação da revista dentro do conglomerado Time Warner. Nesse texto, Isaacson afirma que a *Time* tem feito uma cobertura objetiva dos produtos culturais da Warner (como cinema, vídeo ou música). Ele argumenta que o problema da independência jornalística em relação à empresa a que pertence uma revista ou um jornal não sofreu grandes mudanças. Sempre houve — sustenta ele —, como há até hoje, proprietários de publicações ou de emissoras de rádio e TV que pressionam seus jornalistas a fazer reportagens ou críticas tendenciosas quando seus interesses empresariais ou políticos estão em jogo. Sempre houve, também, os menos imediatistas, que percebem o óbvio: é da independência editorial de seus veículos que vem o lucro.

O editorial prossegue, lembrando que foi justamente para preservar essa independência que Henry Luce, o fundador da *Time*, inventou a divisão entre "igreja" e "estado". Sabe-se que tanto a solução "igreja-estado" como o problema que ela tenta resolver — o conflito de interesses — são anteriores à era das megafusões. Mas, segundo o editorial da *Time*, do ponto de vista da independência, tanto faz se o jornalista trabalha para um patrão individual ou para um conglomerado. Ou ele está numa empresa que reconhece na independência jornalística uma das bases para a informação de qualidade — e, portanto, para o lucro, promovendo aí uma conciliação e uma coincidência entre a ética do jornalismo e a função pragmática do jornalismo de mercado —, ou numa empresa que considera a independência apenas mais um quesito negociável, perspectiva pela qual a lógica de mercado subordina a ética jornalística. Walter Isaacson deixa claro que trabalha numa empresa do primeiro tipo e assegura: "Nós [jornalistas da *Time*] permaneceremos vigilantes, pois qualquer coisa que comprometa a integridade editorial destruiria não apenas nossa revista como nossas carreiras". Até que ponto a boa vontade declarada por Isaacson prevalecerá?

A resposta é obscura, mas há sinais positivos. Em junho de 1995, já depois de realizada a fusão com a Warner, a *Time* foi às bancas com a seguinte chamada de capa: "A música e o cinema estão matando a alma americana?". Título da matéria:

"Uma companhia sob fogo cerrado". O assunto havia esquentado em razão dos ataques do senador republicano Bob Dole contra letras de música que estimulam o uso de drogas e filmes que glorificam assassinatos. A Time Warner se destacava como um dos alvos da fúria do senador. Adotando uma postura independente, os jornalistas da *Time* contaram a história toda da polêmica e deram três páginas inteiras ao relato dos ataques sofridos especificamente pela Time Warner.

Mais tarde, na edição de 9 de março de 1998, comemorativa dos 75 anos da *Time*, Isaacson voltou ao tema da emergência dos conglomerados na mídia num ensaio, "Os valores de Luce — ontem e hoje". Lembrando as idéias de Henry Luce, Isaacson se referiu ao jornalismo como um contrapeso à tendência da oligopolização. Escreveu:

> Porque acreditamos no valor da informação, festejamos a explosão de fontes que é uma marca da era digital [ele se refere à internet, que amplia a quantidade de fontes de informação ao alcance do homem comum]. Não é apenas saudável para o público, mas é também saudável para nós. Num mundo com milhares de vozes, as pessoas irão gravitar em torno daquelas em quem confiam. Isso nos encoraja a prosseguir na fórmula que ainda é atual: boa reportagem, bom texto, análises justas e com autoridade. Além disso, uma diversidade sempre renovada de fontes ajuda a contrabalançar a tendência (da qual *Time* e sua proprietária, Time Warner, são uma parte) de conglomeração da mídia.

Estejam ou não com a razão, os textos de Isaacson expressam a urgência e a pertinência do assunto. Para os interessados no debate sobre ética da imprensa, não é tão importante concordar com o que ele diz ou acreditar nele. É, sim, indispensável registrar o fato de que, por meio dele, a revista *Time*, onde surgiu o modelo liberal "igreja-estado", viu-se intimada a renovar seu propósito de manter a independência editorial. Inclusive em relação ao dono. E viu-se intimada a isso porque, a partir das megafusões, o problema da independência editorial mudou de patamar — e ser independente do dono se tornou tão essencial quanto ser independente dos governos e dos anunciantes. A confiar nas palavras de Isaacson, que não deixam de ser uma aposta, esse desafio só será vencido com o empenho dos jornalistas, desde que eles saibam ser intransigentes em manter vivos os preceitos de seu ofício.

Da parte das cúpulas dos conglomerados da mídia, o desafio ético é enxergar a dualidade que se abre entre entretenimento e jornalismo. A seu modo, a Bertelsmann, um dos sete grandes conglomerados da mídia mundial, com 73 mil empregados em 54 países, assimilou o debate em seu *Annual Report* de 1992-93, que contém um artigo a respeito dessa dualidade e da responsabilidade que ela enseja:

> Vivemos em uma época de profundas mudanças políticas, econômicas e culturais [...] As mudanças que varrem o mundo alimentam a insegurança. Exigem que os indivíduos reavaliem e mudem suas atitudes, para dominar os novos desafios. Os indivíduos anseiam por orientação e informação, mas têm também uma forte necessidade de entretenimento e recreação. Para fazer face a essas diferentes exigências, uma corporação global de mídia tem responsabilidades especiais. A comunicação é um elemento básico de qualquer sociedade. A mídia torna essa comunicação possível, ajuda a sociedade a entender as idéias políticas e culturais, e contribui para formar a opinião e o consenso democráticos. Hoje, a sociedade utiliza a mídia para exercer uma forma de autocontrole.[11]

De um lado, entretenimento e recreação, de outro, a necessidade de informar e orientar para ajudar o público a formar a opinião e o consenso democráticos. É aqui que se situa o jornalismo, por mais que ele possa se valer do bom humor e dos recursos que lhe permitem informar criativamente, com leveza e graça. Mas, para que essa responsabilidade se traduza na prática, é preciso que os profissionais de imprensa sejam críticos e independentes, até mesmo em relação àquilo que pretende entreter e recrear o público — atividades que fazem parte dos negócios dos conglomerados.

Assessores e jornalistas sob um mesmo código de ética. Dá certo?

Nos Estados Unidos, Isaacson e outros têm contribuído para dar visibilidade à questão. No Brasil, o conflito de interesses é um dos temas mais urgentes para os jornalistas, para as empresas e para a sociedade. Os primeiros deveriam assumir a liderança do debate, mas enfrentam limitações corporativas que teriam de ser superadas. O atual Código de Ética da categoria pretende representar tanto os jornalistas como os assessores de imprensa: as duas categorias profissionais fazem parte dos mesmos sindicatos, o que acarreta contradições de origem. Apenas para comparar, em Portugal, que está à frente do Brasil nessa matéria, o jornalista é impedido pela Comissão da Carteira Profissional de Jornalista de exercer assessoria de imprensa e atividades publicitárias. Quando se filia a essa entidade, o profissional tem que assinar um documento em que se compromete a devolver a carteira se for trabalhar como assessor de imprensa.

No Brasil, repórteres e assessores, aos olhos dos sindicatos de jornalistas, desempenham a mesma profissão. O Código de Ética do Jornalismo, aprovado num Congresso Nacional dos Jornalistas em 29 de setembro de 1985, toca no tema do conflito de interesses apenas marginalmente e, ao fazê-lo, assina a confissão de sua contradição intrínseca. O artigo 10, em sua alínea *e*, estabelece o seguinte: "O jornalista não pode exercer coberturas jornalísticas pelo órgão em que trabalha, em instituições públicas e privadas, onde seja funcionário, assessor ou empregado". Ou seja, admite implicitamente o duplo emprego do profissional como uma prática eticamente correta. Seria de fato um escândalo que um repórter de uma emissora de Brasília que acumulasse a função de assessor em uma repartição pública qualquer fizesse, para a emissora, a cobertura dessa mesma repartição. Mas é embaraçoso que o Código de Ética dos jornalistas brasileiros deixe subentendido que o profissional *pode* manter esses dois empregos e ainda assim estar de acordo com a ética profissional.

Os jornalistas devem rediscutir o assunto, talvez criando dois códigos distintos para as duas profissões, que, de fato, são distintas. E poderiam fazê-lo publicamente, não apenas por meio dos jornais sindicais e nas associações, mas em todos os veículos possíveis. Sem uma iniciativa dessa ordem, o tema continuará sendo assunto exclusivo das empresas, quase sempre longe do público. Não que elas não devam cuidar do assunto. Devem tratar dele, e é bom que o façam. Mas é preciso envolver nisso outros setores da sociedade. Hoje, quando o velho modelo de empresa jornalística independente está deixando de existir em face dos conglomerados da mídia, no mundo todo, a atuação dos trabalhadores da imprensa, que são os jornalistas, é ainda mais necessária. Só eles podem liderar a discussão. Só eles têm a legitimidade para estabelecer socialmente novos paradigmas de independência editorial.

NOTA SOBRE A INTERNET E O "JORNALISMO VENDEDOR"

Tudo o que foi dito até aqui vale para os jornais, as revistas, as rádios, as emissoras de televisão — e também para os sites de jornalismo na internet. Alguns acreditam, entretanto, que, com o advento do jornalismo pela internet, as fronteiras entre a publicidade e o conteúdo editorial se tornaram mais flexíveis, mais tênues e mesmo mais permissivas. Um site, dizem, oferece informação jornalística, mas, com um simples toque no mouse, o internauta acessa a mercadoria que é citada na reportagem e vai direto a uma outra página de comércio virtual, onde pode comprar a tal mercadoria. Reportagens na internet sobre moda, sobre decoração ou sobre viagens são bastante propícias a esse tipo de possibilidade. Com um complicador a mais: o site jornalístico por meio do qual o consumidor fez a compra fica com uma porcentagem da operação. O anunciante já não é um cliente que compra espaço publicitário no veículo informativo; transforma o veículo em sócio daquela operação. Essa prática chegou ao Brasil a partir da segunda metade dos anos 1990. Um dos exemplos seria o comércio de livros. Um romance citado numa resenha publicada por uma revista virtual poderia ser comprado com um ou dois toques no mouse, que conduzem o internauta à livraria virtual, a Amazon.com, por exemplo. Depois, a revista virtual receberia sua comissão. Com isso, o jornalismo não é apenas um campo influenciado pela publicidade: sem se dar conta, ele se converte em parte interessada em fomentar o consumo. Quanto mais a mercadoria citada vender, mais a empresa que é dona do site vai lucrar.

Não é nessa direção, porém, que apontam as melhores iniciativas de imprensa na era digital. Sites jornalísticos buscam se desvincular do comércio — e sites cuja função é vender tendem a separar-se do jornalismo. Uma revista virtual inaugurada no início de 2000, *Notícia e Opinião*, apressa-se em alertar o internauta: "*Notícia e Opinião* nasceu de um projeto financiado pelo Opportunity e a GP Investimentos. Mas essas empresas não influenciarão sua postura editorial. Nela, caberá exclusivamente aos jornalistas definir o que será publicado e como será publicado. Haverá sempre limites explícitos entre a publicidade e o jornalismo". O motivo da declaração de princípios é simples. Como sempre, o que o cidadão procura, seja pela internet seja em um veículo impresso, é informação confiável. A ele interessa saber se aquilo que ele lê está ali, diante dele, para levá-lo a consumir um produto específico ou para atendê-lo em seu direito de saber dos fatos. Com o tempo, ele tenderá a preferir, como já antecipara Walter Isaacson, as fontes nas quais adquirir confiança.

A ASME (American Society of Magazine Editors) recomenda a seus filiados que prestem atenção nos potenciais conflitos trazidos pelos novos meios:

> A tecnologia dinâmica das páginas eletrônicas e dos hipertextos cria um alto potencial de confusão para os leitores. Permitir essa confusão é trair a confiança do leitor e corrói a credibilidade, prejudicando não apenas a publicação, mas também a própria empresa que a publica. Por isso, é responsabilidade de cada publicação on-line deixar claro para seus usuários o que é conteúdo editorial e o que é publicidade, e evitar qualquer justaposição que dê a impressão de que algum conteúdo editorial tenha sido produzido para — ou influenciado por — anunciantes.

Da mesma forma, um dos sites de maior sucesso nos Estados Unidos até o início do ano 2000, o APBnews.com, adotou a seguinte regra: "O conteúdo editorial será sempre separado de mensagens comerciais. Propagandas, anúncios, promoções de e-commerce e material de marketing nunca aparecerão no espaço destinado ao jornalismo de forma que os usuários possam tomá-los por conteúdos noticiosos". Na missão da Online News Association, entidade americana, lê-se o mesmo tipo de cuidado: "O jornalismo responsável na internet requer que a distinção entre notícias e outras informações seja sempre clara para que os indivíduos possam diferenciar conteúdo editorial independente de promoções pagas e outras não-notícias".

A internet, portanto, embora traga novas aberturas tecnológicas que encurtam caminhos, não aposenta os preceitos do bom jornalismo. A loja de roupas, a livraria ou a agência de turismo estão muito mais perto do consumidor. Basta um clique. Assim como os veículos de informação estão mais próximos e mais acessíveis. E as prefeituras, as bibliotecas, os departamentos do governo, as ONGs, os institutos de pesquisa, os bancos de dados. A internet, nessa perspectiva, mais que um "meio de comunicação", é um paradigma de mobilidade a serviço da cidadania e do consumo que elimina distâncias e demoras. Mas tanta proximidade — no tempo e no espaço — não revoga a necessidade de distinguir o que é jornalismo do que é comércio. Ao contrário, exige novas formas de demarcar a distinção. O direito do cidadão de estar bem informado não deixou de existir. Ao contrário, hoje pode ser atendido com ainda mais eficiência.

4

O VÍCIO E A VIRTUDE

Paul Johnson é um pensador influente no pensamento liberal contemporâneo. Historiador, ensaísta e jornalista, é autor de artigos na revista britânica *Spectator* que têm servido de referência ao debate sobre ética na imprensa no mundo inteiro. Não pelo que pontificam, mas pelos problemas que apontam. Ele propõe uma grade de análise para os erros mais freqüentes do jornalismo: listou sete pecados capitais e, como antídotos, dez mandamentos. Trata-se antes de uma forma de abordagem; é um modo de classificar os erros em categorias claras, de grande utilidade para a organização do debate. A vantagem dessa grade é que ela pode ser empregada independentemente de se concordar ou não com o ideário defendido por Johnson. Por exemplo: ele diz que um dos pecados capitais é o assassinato de reputação. À direita e à esquerda, essa é uma queixa freqüente. Jornalistas identificados com distintas doutrinas podem cometer o pecado de assassinar reputações, vitimando pessoas de diferentes matizes políticos ou religiosos. E assim é com todos os "pecados capitais" e todos os "mandamentos". Eles são antes uma classificação tópica do que juízos de valor. Pode-se aceitar a grade que ele sugere, aceitá-la como um método primitivo, e divergir na análise dos conteúdos. É nessa perspectiva que ela é aqui adotada.

Antes, porém, é bom saber que Johnson está longe de ser uma unanimidade. Na verdade, também comete erros graves de avaliação. Em 1999, escreveu um artigo em defesa do general Pinochet que serve mais para desautorizá-lo do que para recomendá-lo. Quando o ex-ditador chileno se encontrava preso na Inglaterra aguardando a decisão sobre sua extradição para a Espanha, onde seria julgado por seus crimes contra a humanidade, Johnson afirmou que estava em marcha uma campanha difamatória contra o ex-ditador. Seu artigo, que foi publicado em *O Estado de S. Paulo* de 7 de fevereiro de 1999, com um título em inglês, "All the lies it's safe to print" (Todas as mentiras que se podem publicar com segurança), enumerava as "mentiras" que eram publicadas impunemente. Entre essas, estariam as informações que davam conta das atrocidades cometidas pela ditadura chilena nos anos 1970. Disse Johnson: "Outra vítima, em escala enorme, internacional, é o general Pinochet, último alvo importante da máquina de agitação e propaganda da grande mentira soviética, antes de sua ruína. Suas invenções acerca de Pinochet continuam circulando graças à rede de propaganda de Castro e são impensadamente reproduzidas na maioria da imprensa britânica". De algoz, Pinochet teria se transformado em vítima.

É possível que, entre tantas reportagens e análises que trataram do tema, uma ou outra tenham cometido excessos e incorrido em inverdades pontuais. Aí, o correto seria examinar as imprecisões específicas, criticá-las e corrigi-las, também pontualmente. Generalizar o que se falou sobre Pinochet como uma campanha difamatória orquestrada pela "propaganda de Castro" é apenas uma proposição ridícula. Johnson sabe, aliás, que a generalização é um dos caminhos que mais levam ao erro de informação. É um vício. E Johnson caiu nessa armadilha, arriscando-se a ser desqualificado como um reles serviçal da máquina de propaganda da ex-primeira-ministra britânica Margaret Thatcher. Mas isso seria, também, generalizar, seria reduzir todas as suas idéias a uma debilidade ideológica pela qual ele se deixou acometer. Descontadas fraquezas dessa ordem, as reflexões de Paul Johnson sobre os problemas contemporâneos da imprensa são contribuições positivas.

Agora, os sete pecados capitais listados por Johnson. No Brasil, eles foram publicados no *Jornal da Tarde* de 24 de março de 1993, inaugurando uma série de debates sobre a ética na imprensa brasileira. São os seguintes:

1. Distorção, deliberada ou inadvertida.
2. Culto das falsas imagens.
3. Invasão da privacidade.
4. Assassinato de reputação.
5. Superexploração do sexo.
6. Envenenamento das mentes das crianças.
7. Abuso de poder.

A listagem é arbitrária, mas é um bom ponto de partida. Antes de detalhar cada um dos "pecados", é bom registrar que algumas outras listas já foram sugeridas, e são igualmente úteis. Entre elas a de Marcelo Leite, então ombudsman da *Folha de S.Paulo*, num artigo de 31 de dezembro de 1995. Dos problemas que ele apontava na imprensa brasileira, há cinco que ainda permanecem preocupantes:

1. *Fernandohenriquismo*. Na visão de Marcelo Leite, uma unanimidade havia se apossado da cobertura política brasileira entre 1994 e 1995. A adesão festiva às teses do presidente Fernando Henrique Cardoso passou a contribuir para a distorção dos fatos. O ombudsman escreveu uma advertência contra o movimento que iria culminar na reeleição de FHC, três anos depois:

> O arrastão econômico, parapolítico e antidemocrático produzido pelo Plano Real continua em marcha. Investiu Fernando Henrique Cardoso no Planalto e, apesar do fogo amigo na Esplanada dos Ministérios e no Congresso, ainda alicerça um consenso inabalável entre os donos do poder. O bezerro de ouro se chama estabilização. O bolo já não precisa crescer: basta que não desande. Há coisas mais urgentes que dividi-lo, como reeleger o presidente-professor. Todo o debate público se esfuma diante de meia dúzia de pedras de toque: modernidade, anticorporativismo, eficiência, privatização, competitividade, reforma. Esse cre-

do deixou há muito as salas de editorialistas e fincou raízes fundas nas redações.

2. *Vazamentismo*. Aqui, a referência do ombudsman eram "os escândalos postos no colo da imprensa" com base em informações "oficialmente" vazadas dos gabinetes do poder. Na verdade, esse "vazamentismo" estava se tornando um expediente rotineiro de políticos interessados em prejudicar a imagem de outros. Denúncias chegavam aos jornais sem origem declarada e eram publicadas sem maior trabalho de verificação prévia.

3. *Offismo*. O *off* é um termo que faz parte do jargão das redações. Tem origem na expressão inglesa *off the record*, que designa aquilo que se diz a um jornalista "confidencialmente", isto é, algo que se diz para não ser registrado. Há aqui uma variante sutil que merece nota. O que a fonte declara em off, rigorosamente, é algo que não deve ser publicado nem mesmo quando ela, fonte, não é mencionada na reportagem. Diferente disso é aquilo que a fonte declara para publicação, pedindo no entanto sigilo sobre sua identidade. No Brasil, a expressão "declaração em off" admite os dois significados. Em seu uso mais corrente, a expressão se refere à informação que poderá ser publicada desde que não se identifique a fonte. Entre nós, é verdade, o uso do off tornou-se rotina e se transformou em abuso. Com freqüência, o leitor, o telespectador ou o ouvinte não fica sabendo da origem da informação. Ele só é avisado de que "uma alta autoridade do Ministério tal" ou "um professor que prefere não se identificar" ou ainda "uma fonte qualificada" disse isso ou aquilo. Outros recursos para o mesmo procedimento são os cacoetes de texto do tipo "comenta-se", "garante-se" etc. Muito comum nas colunas de notas de informação política, econômica e de interesse geral, esse modo de informar, salvo exceções, é também um modo de desinformar. Afinal: quem diz? quem garante? quem comenta? Não se faz bom jornalismo com declarações anônimas. O que o ombudsman da *Folha* apontava é que, em lugar de um procedimento excepcional, aceitável apenas sob condições muito especiais, o off tinha

virado regra. Qualquer código de posturas éticas recomenda cautela e parcimônia no uso do off. Além de ser um recurso pelo qual o jornalista encontra um subterfúgio para escapar ao trabalho duro de sair atrás de confirmações — basta-lhe, antes da informação de fonte obscura, que ele não foi checar, acrescentar um "comenta-se que" —, o "offismo" se converte numa porta para que boatos infundados interfiram na opinião pública. Marcelo Leite enumerou os cuidados que o uso do off requer:

> O jornalista deve ter plena confiança na fonte, com base em um histórico de veracidade;
>
> A fonte deve ter motivo plausível e aceitável para proteger-se (como risco de vida ou de punição);
>
> A informação em pauta deve ser de grande relevância para o público;
>
> O jornalista deve tentar confirmá-la com pelo menos uma fonte independente;
>
> Cabe à fonte pedir e ao jornalista aceitar — ou não — o "off", nunca o inverso.
>
> A maioria das reportagens em "off", neste país, não satisfaz nenhuma dessas condições. Na *Folha*, o leitor pode reconhecê-las pelo emprego da fórmula canônica "a *Folha* apurou que...".

4. *Retranquismo*. Outro neologismo, *retranquismo* é derivado de *retranca*, que, no jargão das redações, dá nome àquelas palavrinhas que classificam as diversas reportagens por assunto. Nas revistas, as retrancas aparecem no alto de cada reportagem, normalmente acima do título: Política Nacional, Teatro, Esportes, Saúde. De cara, o leitor é informado pela retranca sobre o tema geral daquela página. Para Marcelo Leite, o uso abusivo das retrancas acabou redundando no "retranquismo": a subdivisão obsessiva de uma única história em inúmeros "departamentos". De fato, isso se tornou uma prática rotineira e sistemática no jornalismo impresso — e agora também na internet. Em lugar de textos longos, dá-se preferência a uma seqüência de brevíssimos tópicos, em forma de legendas ou boxes (pequenas caixas de texto) de dois ou três parágrafos. As

velhas retrancas se multiplicam em incontáveis sub-retrancas. De um lado, essa tendência se justifica em nome da falta de tempo do leitor, que tem o direito de achar o mais rapidamente possível a informação de que precisa sem ter de percorrer colunas e mais colunas de texto. A divisão de uma longa reportagem numa série coerente de vários tópicos ajuda o leitor. O problema é a edição malfeita, que empobrece a informação. A proliferação das retrancas suprime a visão de conjunto — e, com isso, suprime também a compreensão do contexto —, transformando o jornalismo numa fragmentação caleidoscópica sem a menor unidade.

5. *Egocentrismo*. Aqui, o ombudsman se referia à "tríade ego-corpo-consumo": o jornalismo começa a girar em torno da satisfação narcisista dos desejos do consumidor. Ora, mas que problema ético haveria nisso? Aparentemente, nenhum. Mas há, sim, um problema. Conforme o grau em que os órgãos de imprensa assimilam a lógica do egocentrismo, tal qual ele foi definido por Marcelo Leite, põem em risco sua capacidade de informar *criticamente* a sociedade — pois isso requer uma visão crítica dos hábitos da sociedade. Se o jornalismo aceita os paradigmas de classificação do mundo dados pelo consumismo, ele foi engolido pela lógica do consumismo — e não mais pode vê-lo com distanciamento. O curioso é observar que no jornal *Valor Econômico*, lançado em maio de 2000, numa associação da *Folha de S.Paulo* com *O Globo*, há um caderno destinado a lazer, entretenimento e consumo que se chama, exatamente, "Eu &".

Uma outra tábua de pecados da imprensa aparece no livro do professor Ciro Marcondes Filho, da Escola de Comunicações e Artes da Universidade de São Paulo, *A saga dos cães perdidos*.[1] São ao todo doze deslizes, compilados pelo autor com base em livros e artigos nos quais prepondera uma visão européia (boa parte das pesquisas de Marcondes Filho foram realizadas na França). Enquanto a lista de Marcelo Leite é o diagnóstico de alguém que observa a redação pelo lado de dentro — ele flagra problemas técnicos internos do fazer jornalístico —, a lista de Marcondes Filho reúne vícios que são vistos por quem está fora das redações. A lista do ombudsman identifica os pecados no modo de trabalhar; a de Marcondes Filho os encontra nos resultados. Pode-se ler a sua compilação como uma seqüência das queixas mais comuns da sociedade. É bom conhecê-las:

1. Apresentar um suspeito como culpado.
2. Vasculhar a vida privada das pessoas, publicar detalhes insignificantes de personalidades e de autoridades para desacreditá-las.
3. Construir uma história falsa, seja em apoio a versões oficiais, seja para justificar uma suspeita.
4. Publicar o provisório e o não-confirmado para obter o furo. Transformar o rumor em notícia.
5. Filmar ou transmitir um suicídio ao vivo.
6. Expor pessoas para provar um flagrante.
7. Aceitar a chantagem de terroristas.
8. Incitar "rachas" [discórdias, cizânias, buscar a polêmica pela polêmica, jogar uns contra os outros].
9. "Maquiar" uma entrevista coletiva ou exclusiva.

Aqui, a maquiagem pode acontecer por meio da "transformação" mal-intencionada de uma entrevista coletiva numa "exclusiva": o repórter ou o editor fazem parecer que declarações gravadas numa entrevista coletiva, para vários órgãos de imprensa, foram dadas com exclusividade para aquele veículo. A maquiagem também acontece pela modificação das declarações, para dotá-las de mais "impacto".

10. Comprar ou roubar documentos.
11. Gravar algo à revelia, instalar microfones escondidos.
12. Omitir que se é jornalista para obter confidências.

O décimo segundo "deslize" admite uma ressalva. Há casos em que o interesse público justifica que o repórter não se declare como tal. Por exemplo: em 1999, foram publicadas na imprensa brasileira algumas reportagens sobre a venda de gasolina adulterada. Se os repórteres se identificassem logo de início perante os traficantes de combustível diluído em solvente (diluído contra a lei), jamais poderiam chegar aos depósitos clandestinos. Na primeira abordagem aos falsificadores, eles se apresentaram como compradores comuns. Uma vez obtida a confirmação da fraude (o que pode passar pela gravação sem consentimento de uma conversa telefônica, por exemplo), e comprada a gasolina adulterada, eles se identificam perante os criminosos, que então podem apresentar sua versão dos fatos. Sem esse recurso, a imprensa não teria como obter as confirmações sobre uma conduta ilegal que lesa o cidadão, expondo-o a riscos de vida (uma falha mecânica provocada pelo combustível pode ocasionar acidentes graves), e lesa também o consumidor, prejudicando a conservação de seu automóvel. O mesmo se dá com o repórter que vai a uma loja, a um hotel ou a um restaurante para verificar como é que os fregueses comuns são tratados nesses estabelecimentos. É essa ainda a situação de repórteres que investigam histórias de crimes em zonas dominadas pelo tráfico de drogas, que visitam áreas onde se explora o trabalho ou a prostituição infantil, e também regiões em guerra. Às vezes, declarar-se jornalista é aumentar desnecessariamente o risco de vida.

Como princípio, claro, o repórter deve sempre se identificar. Casos excepcionais requerem uma autorização expressa do comando da redação. Depois, na publicação da reportagem, a decisão de ocultar a profissão do repórter naquele episódio específico deve ser informada ao público e devidamente explicada. Não há no jornalismo nenhuma possibilidade de que uma conduta que não possa ser explicada e compreendida pelo público esteja de acordo com a ética da profissão. As normas de conduta do jornalista começam e terminam dentro do campo abrangido pelos padrões de comportamento da sociedade que ele representa. Ele não está eticamente autorizado a se valer de recursos que estejam fora desse campo, como a espionagem ou a força — como um policial, nos termos da lei, está. Seus parâmetros de conduta são os mesmos do homem comum. No exercício da profissão, ele está autorizado a agir dentro desses marcos. Pode fazer tudo o que é socialmente tolerado que se faça à luz do dia. Não pode fazer o que precisa ser escondido. O único segredo específico da profissão do jornalista se refere ao sigilo de fonte — ele não é obrigado a revelar sua fonte quando julgar que deve preservá-la, o que está assegurado na legislação das democracias contemporâneas. E isso tem um motivo só: como jornalista, ele tem acesso a informações que o homem comum não teria — eis aí sua única especificidade. Ele pode, portanto, guardar em sigilo as suas fontes, mesmo em juízo. E só aí se diferencia dos mortais comuns. Mas nada em sua conduta pode ser motivo de segredo. Ele não pode, no exercício da profissão, adotar uma conduta que o envergonharia se fosse revelada. Se algum aspecto de seu comportamento profissional precisar ser omitido num almoço de domingo com a família, algo está fora de lugar. Então, quando precisa ocultar temporariamente sua identidade num ambiente hostil, ele precisa saber exatamente por que está agindo assim, pois terá de explicar-se, logo adiante, em público.

"OS SETE PECADOS CAPITAIS"

Há, como se vê, uma profusão de listas alternativas dos pecados cometidos pelos jornalistas. Das tecnicalidades ultradetalhistas sobre, por exemplo, o lugar mais indicado para inserir o crédito do fotógrafo ao lado da foto, até os imperativos morais de fundo, como a falta para com a verdade, listas de pecados são o que não falta. A opção pela grade sugerida por Paul Johnson se justifica pela simplicidade com que ela organiza o debate. Vamos, então, aos sete pecados.

1. Distorção, deliberada ou inadvertida

A distorção deliberada é a mentira deslavada e consciente. É um pecado evidente que não mereceria maiores comentários não fosse o fato de que, no Brasil, ela não se deve apenas à má intenção de editores e donos de jornais, revistas ou emissoras de rádio e TV, mas tem uma origem estrutural: o regime de propriedade dos meios de comunicação eletrônicos de massa. Por isso, a distorção deliberada se confunde com freqüência com o sétimo pecado capital, que é o abuso de poder. É o que se verificou com as coberturas políticas da Globo em 1984, quando a campanha popular por eleições diretas não aparecia na tela da Globo: distorção deliberada e abuso de poder.

Embora a Constituição da República Federativa do Brasil, no parágrafo quinto do artigo 220, diga expressamente que "os meios de comunicação social não podem, direta ou indiretamente, ser objeto de monopólio ou oligopólio", o que se verifica na prática é exatamente o oposto. É um quadro típico nas cidades brasileiras, de grande ou pequeno porte: um só grupo pode dominar a maior emissora de TV de canal aberto, o maior jornal diário, a maior emissora de rádio AM, a maior emissora em FM, a maior empresa de distribuição de canais por assinatura, e assim por diante.

Nesse quadro, o grupo que exerce o monopólio fala sozinho no espaço público, sem sofrer contestações e sem conhecer competidores econômicos, o que gera um ambiente propício para as distorções deliberadas de informação, sobretudo em época de eleições. Os meios de comunicação tornam-se cabos eleitorais. E, como não há outros veículos com igual penetração para contestá-los, as distorções informativas acontecem impunemente; não são identificadas, debatidas, criticadas e condenadas no espaço público.

A situação é especialmente grave na televisão brasileira. Como o Brasil é um país que se comunica e se reconhece pela TV, qualquer distorção que nela ocorra gera efeitos de grandes proporções. Os números falam por si. Segundo estimativas de 1999, seriam aproximadamente 38 milhões os lares brasileiros com um ou mais aparelhos de televisão, o que representa cerca de 87% de todos os domicílios. Num levantamento realizado pelo jornalista paulista Gabriel Priolli, vê-se que 90% da população sintonizava alguma emissora, ao menos uma vez por semana.[2] É uma presença ubíqua, só comparável à do rádio. Mas o poder da TV é bem maior que o do rádio, pois este tem uma audiência pulverizada em quase 3 mil emissoras, que em sua maioria não se estruturam em redes nacionais, enquanto a TV tem platéias verdadeiramente nacionais.

Priolli lembra também que, de acordo com o Grupo de Mídia de São Paulo, apoiado em pesquisa do instituto Marplan Brasil, 98% da população entre dez e 65 anos via TV pelo menos uma vez por semana e que, sozinha, a TV atraía duas vezes mais público do que todos os meios impressos, aí computados também os livros, além de jornais e revistas. Para que se possa ter uma idéia aproximada do que representam os meios impressos, lembre-se que, em 1999, entre os estimados 164 milhões de habitantes, o Brasil tinha 371 jornais de circulação diária e algo em torno de 1500 revistas semanais ou mensais. A tiragem total, diária, dos jornais em 1999 foi de 7,245 milhões, um volume 69% maior que o de 1990 (fonte: ANJ). A tiragem total das revistas em 1999 foi de 350 milhões de exemplares, o que não ultrapassa dois exemplares por habitante por ano. Na Argentina, no mesmo ano, esse número foi de 3,3; nos Estados Unidos, 31; na França, 41. (Fonte: FIPP)

Uma mentira na televisão brasileira é duplamente grave (é grave em si mesma e é grave porque dificilmente será corrigida em tempo por outros meios com igual penetração). A televisão monologa no Brasil e, estando vinculada aos interesses políticos de famílias oligárquicas de várias regiões do país, deforma o espaço público. Assim é que as distorções deliberadas cometidas pelas emissoras de TV, encorajadas pelo exercício prático dos monopólios regionais e pelos oligopólios nacionais, configuram também abuso de poder, que será comentado adiante. A existência dos monopólios, as distorções deliberadas e o abuso de poder não são um problema ético exclusivo dos jornalistas, mas de toda a sociedade. Os jornalistas, sozinhos, são impotentes para resolvê-lo. Os donos dos meios de comunicação, em geral, não têm interesse nisso.

Jornais e revistas também praticam a distorção deliberada. O que a permite, novamente, é a garantia de "impunidade", isto é, a sensação compartilhada pelos donos dos órgãos de imprensa e pelos jornalistas no comando das redações de que não serão chamados a responder, perante o público, pelas mentiras que difundem. Sem pluralidade e diversidade nas comunicações, dificilmente essas deficiências serão combatidas.

A distorção inadvertida não é menos importante. Mas é mais "doméstica", diz respeito estritamente à competência interna das redações, e pode ser enfrentada e superada com os cuidados técnicos e éticos já conhecidos do jornalismo. O "offismo" e o "vazamentismo" apontados por Marcelo Leite, bem como a transformação do rumor em notícia e a pressa em publicar uma revelação ainda incerta para sair na frente da concorrência — falhas arroladas por Ciro Marcondes Filho —, costumam levar à distorção inadvertida. Não que a pressa seja, como todos dizem, inimiga da perfeição. A pressa é obrigatória no jornalismo. Ela faz parte do ideal de perfeição. Quanto mais rapidamente a notícia vai para o público, melhor. O que acontece é que o jornalista se vê entre dois imperativos de ordens distintas: um é o da agilidade e o outro o da precisão. O dilema, aqui, não chega a constituir o dilema ético por excelência, aquele em que o sujeito se encontra entre dois valores igualmente válidos. A agilidade é um requisito da qualidade, mas não encarna, por si só, um valor ético do mesmo porte que a verdade. Se a informação de que o jornalista dispõe ainda não está checada, ela é apenas uma pista, não é uma notícia; é uma *possível* notícia. Ao publicá-la, correndo o risco de ter de corrigi-la adiante, ele assume também o risco de distorcer os fatos. A pressa é justa, boa e necessária — mas, quando assumida como um valor ético equiparável à correção, pode ser o atalho para o erro. O engano ético de superestimar a agilidade como um bem em si mesmo conduz à falha técnica.

O jornalista é pago para perguntar — e duvidar. Seu santo padroeiro é são Tomé — o apóstolo que, no Novo Testamento, quis antes ver as chagas de Jesus Cristo para só depois aceitar que ele era mesmo o Cristo ressuscitado. Quanto mais pergunte, confirme e cheque, menos se expõe ao erro. A sua pressa é a urgência que emana do direito à informação. A concorrência comercial entre os veículos — ditada unicamente por critérios de mercado — estimula a agilidade, mas não deve se confundir com a pressa essencial do jornalismo. É verdade que o desejo do furo estimula o bom jornalismo; ele corre também para vencer a competição com os concorrentes, numa disputa de mercado. Mas o tempo do mercado não é, para o jornalismo, o tempo decisivo. Acima das exigências de velocidade do mercado, deve estar o compromisso com a verdade.

As distorções inadvertidas conduzem ao vexame ou, o que é pior, ao assassinato de reputação. Foi isso que se deu com o caso da Escola Base, em São Paulo, que será lembrado no quarto pecado capital.

2. Culto das falsas imagens

O jornalismo não se confunde com a literatura ou com a arte, mas sempre se beneficiou de recursos literários e, mais tarde, no campo das imagens, das influências que recebeu do cinema. As suas narrativas comportam naturalmente a emoção, e é legítimo que pretendam prender o público pelos sentimentos que podem despertar. Recentemente, porém, à medida que as empresas jornalísticas foram sendo engolidas pelos conglomerados da mídia (que acumulam o negócio do jornalismo com o negócio do entretenimento), ocorreram alterações na organização social da cultura, e, no ambiente específico da imprensa, houve também mudanças culturais. A aproximação com o entretenimento não é apenas econômica — é cultural. A linguagem do jornalismo já não dialoga tanto com a literatura e com o cinema como dialoga com a chamada "cultura pop", com as comédias feitas para a TV e com desenhos animados, video games e as letras de canções que tocam no rádio. Hoje, é o entretenimento que influencia as narrativas jornalísticas.

O noticiário da atualidade constrói pequenas novelas diárias ou semanais cujos protagonistas são tipos da vida real absorvidos por uma narrativa que funciona como se fosse ficção. Programas jornalísticos na televisão desenvolvem-se como se fossem filmes — de ação, de suspense, de romance, de horror. O telejornalismo disputa mercado não apenas com outros veículos informativos, mas também com as opções de lazer. Precisa ser envolvente, divertido, leve, colorido, ou perde o público sedento de novas sensações. Os âncoras de TV disputam o tempo do público com o carisma da atriz que está numa fita de vídeo que se aluga na esquina. Em contrapartida, os filmes de ficção precisam ter cada vez mais o apelo do "drama real" para empolgar a audiência. A realidade que interessa, para um (jornalismo com base nos fatos) e para outro (entretenimento com base na ficção), é a realidade espetacular, uma realidade que se confecciona para seduzir e emocionar a platéia.

A conseqüência da confecção da realidade espetacular não está apenas no sensacionalismo; ela redunda em egocentrismo, em fetichismo, em sexismo e se materializa no culto das falsas imagens. Os personagens são reais e, no entanto, fabricados — sempre falsos, em alguma medida. Reais porque de fato têm lugar no mundo dos mortais, como pessoas de carne e osso. Fabricados (e falsos) porque sua composição segue uma coerência mais dramática do que propriamente factual. Essa característica sempre esteve aí, desde que começaram a ser publicadas as primeiras reportagens, mas ela se intensificou violentamente nas últimas décadas. Emergem santos e vilões no noticiário, como ícones do bem e do mal que movimentam um formidável video game. O estereótipo subjuga o homem. O líbio Muhammar Kadhafi, o iraquiano Saddam Hussein e o cubano Fidel Castro são eternos demônios no circo da notícia. Madre Teresa, o papa, Lady Di, santidades iluminadas. Yasser Arafat, anjo mau de outrora, subiu aos céus à medida que começaram os acordos de paz com o primeiro-ministro de Israel, Yitzhak Rabin, sacramentados num encontro histórico em setembro de 1995 em Washington, mediado e abençoado pelo presidente americano Bill Clinton. A imagem dos três, com Clinton ao centro, virou um novo símbolo da paz mundial. Um estereótipo revoga outro. O México descreveu trajetória inversa. Em 1994, o sombrero, a tequila e los mariachis eram marcas da ascensão neomonetária, do ajuste econômico celestial. Com a derrocada e a vertiginosa desvalorização do peso no início de 1995, a terra dos sacrifícios humanos nos rituais astecas virou sinônimo de inferno e de terremotos outra vez, tectônicos e financeiros.

O bem e o mal organizam a informação. No Brasil, o formato do *Jornal Nacional* — que se tornou o paradigma de um gênero — dá bem o tom dessa lógica. A tendência de cada edição diária é ter um *happy end* com alguma historinha edificante para fechar o programa. Vale um acasalamento de mamíferos no zoológico, o dia feliz de uma criança que achou uma escola na zona rural, a entrevista de um astro da música sertaneja que se dedica à filantropia. Entre nós, a seqüência dramática do telejornalismo é precisamente melodramática, segue a estrutura das narrativas das telenovelas, que fundaram no público nacional o hábito de ver televisão. É esse o estilo brasileiro pelo qual a imagem preside a notícia. O massacre de trabalhadores sem-terra em Eldorado dos Carajás, no interior do Pará, em abril de 1996, só foi manchete porque veio acompanhado de cenas vibrantes. Alguém havia gravado os tiros, a correria e os confrontos em vídeo. A força das imagens era a força da notícia. O mesmo aconteceu quando, em 1997, um cinegrafista anônimo registrou a violência policial contra cidadãos na Favela Naval, em Diadema, São Paulo. Não fossem as imagens, e a notícia não teria merecido destaque, embora os fatos reais, com vídeo ou sem vídeo, fossem os mesmos. O telejornalismo não registra os acontecimentos em si, mas *as imagens* dos acontecimentos. E são as imagens que determinam quais serão os temas do debate público.

A fábrica das falsas imagens é refundada pelo telejornalismo, no qual a notícia depende da cena vívida, pulsante. Fora da televisão, torna-se uma constante em toda a imprensa — condenada a concorrer com as ofertas incessantes de entretenimento. Jornais e revistas não escapam à teatralização do relato factual. A estes não restam muitas outras saídas além de reproduzir em seus universos próprios, com suas linguagens específicas, o culto das (falsas) imagens. Na era da imagem ao vivo, o jornalismo impresso, ao noticiar os fatos, parece estar sempre atrás, sempre comentando as imagens que *já foram* notícia. A figura de um jovem chinês interrompendo o caminho de um tanque de guerra na avenida é a síntese dos protestos que tomaram conta da praça Tian'Amen, a praça da Paz Celestial, no coração de Pequim, em 1989. No mesmo ano, jovens no meio da noite empoleirados sobre o muro de Berlim, bebendo champanhe, cantando e agitando bandeiras, convertem-se no selo do "fim do comunismo". Não é que a imagem valha mais que mil palavras: a imagem *organiza* as palavras, e passa a ser uma instância do discurso e do pensamento. No telejornalismo, o que não rende imagem não rende notícia. As palavras, elas mesmas, agora se articulam para emoldurar imagens, para erguerlhes o pedestal, para cultuá-las.

O jornalismo perde na medida em que a imagem, tal qual ela é confeccionada e difundida no espetáculo, achata o pensamento. Convertidas em estereótipos, pressionam o discurso jornalístico por um maniqueísmo acrítico e, no limite, não informativo, apenas emocionante. Quando o jornalismo emociona mais do que informa, tem-se aí um problema ético, que é a negação da sua função de promover o debate das idéias no espaço público. Isso significa que antes da televisão a imprensa não caía na vala do culto das falsas imagens? Não, não significa. Esse é o engano das críticas conservadoras ao telejornalismo (entre as quais se inclui a de Paul Johnson, que descarrega sua artilharia contra a televisão e os tablóides sensacionalistas ingleses). Ele não inventa os estereótipos, mas os potencializa.

É um engano supor que foi a televisão que inventou o culto das imagens e, por meio delas, o culto dos estereótipos. Muito antes da TV, o apego do público aos estereótipos já havia sido bem diagnosticado por Walter Lippmann, no livro *Public opinion*, de 1922. Dizia Lippmann que as pessoas só entendiam o mundo com base nos estereótipos que traziam "dentro da cabeça". Para ele, os estereótipos são conceitos internalizados. "As formas estereotipadas emprestadas ao mundo não procedem apenas da arte, no sentido da pintura, da escultura e da literatura", escreve Lippmann, "mas também de nossos códigos morais, filosofias sociais e agitações políticas." Um exemplo: "a americanização [da cultura], pelo menos superficialmente, é a substituição dos estereótipos europeus pelos norte-americanos".

É bem curiosa a teoria de Lippmann, principalmente porque ela não é propriamente uma teoria científica, mas uma espécie de constatação empírica de um jornalista mais arguto. Para ele, os estereótipos — com base nas "imagens" que as pessoas trazem "dentro da cabeça" — são o que possibilita a compreensão do mundo. O que, em sua visão, não é bom nem ruim. É apenas natural, humano. É graças aos estereótipos que se enxerga a realidade. Diz ele: "Na maior parte das vezes, não vemos primeiro para depois definir, mas primeiro definimos e depois vemos". Ou seja, primeiro se formam "as imagens dentro da cabeça", e depois, com base nelas, é que se decodifica a realidade.

O trabalho de Lippmann é lembrado aqui para enfatizar

que a presença das falsas imagens (ou os estereótipos) já é percebida há tempos no jornalismo pelos jornalistas. E para que não se caia no falso entendimento (outro estereótipo) de que a fabricação dos estereótipos seja uma inovação produzida pela TV ou mesmo pela fotografia. É justamente o oposto. Os estereótipos já interiorizados "pelas pessoas", no dizer de Lippmann, ou já consagrados pelo imaginário, é que condicionam o modo de ver e de fotografar o mundo. Assim, é porque o culto das falsas imagens já fazia parte da natureza do relato jornalístico que o problema se agravou tanto com o advento da TV.

O telejornalismo, portanto, não é o agente criador das falsas imagens. Não é o causador da maneira estereotipada de ver a realidade. Ele participa das transformações da cultura, mas não é, sozinho, como o cinema falado também não era, o grande culpado da transformação. Ele é antes o produto de um modo de ver e de entender que já estava embrionário no olhar do jornalismo desde antes da televisão. Quando se analisa o culto das falsas imagens com base não apenas na perspectiva posta pela TV, mas também na tendência anterior do jornalismo de se valer dos estereótipos, a questão adquire uma outra dimensão, uma outra grandeza e uma outra — e mais complexa — gravidade ética. Para suprimir o culto das falsas imagens não bastaria banir da imprensa a fotografia, o filme e o vídeo — como querem os conservadores. Para suprimir esse pecado capital é preciso aguçar a visão crítica dos profissionais de imprensa e investir na autonomia da narrativa jornalística *em oposição* às formas de narrativa já desgastadas pelo entretenimento. Não que o jornalismo deva ser chato e pouco atraente, mas ele só pode se afastar do culto das falsas imagens na medida em que se torne atraente por aquilo que ele tem de essencial — a informação exclusiva, clara e inteligentemente articulada —, e não pelo que ele acabou incorporando de enfeites midiáticos.

Banir a fotografia, o vídeo e o filme só traria prejuízos ao bom jornalismo. E não valeria de nada para combater as falsas imagens, pois estas são acima de tudo fabricadas com palavras.

A falsa imagem não é a fotografia de Saddam Hussein, mas a legenda que vai embaixo dela, o seu significado. Saddam é um tirano? Sim, é. Mas o jornalismo tem a obrigação de dizer muito mais do que isso para o público. E tem a obrigação de dizê-lo de forma atraente e interessante. Prisioneiro do culto das falsas imagens, ele renuncia a esse papel.

A propósito, o problema maior que o telejornalismo encarna não é tanto a falsa imagem, mas a imagem verdadeira mesmo, aquela que simula uma total independência em relação a qualquer texto. Aquela que pretende passar pela verdade nua e crua. De fato, são as palavras que constroem o altar para a imagem. Mas a ilusão que se vende é a de que a imagem diz tudo — e ela não diz. No campo do jornalismo, somente as palavras podem processar o pensamento crítico sobre a imagem. As palavras é que criam mediações entre o que se vê e o que se compreende daquilo que é visto. As palavras é que combatem os estereótipos. Desde o advento do telejornalismo, uma das principais funções éticas da imprensa — cuja obrigação é reportar criticamente os acontecimentos — passou a ser criticar o culto das falsas imagens, função da qual ela raramente dá conta.

3. Invasão da privacidade

Ninguém acha justo fuxicar a intimidade alheia. Não obstante, o público devora sôfrego tudo o que se publica de mexericos sobre os ricos e famosos. Fofoca vende jornal e dá audiência. Vende cada vez mais, numa escalada sem medidas. E quanto mais vende, mais gera protestos. A polêmica em torno do assunto ganhou proporções inéditas com a morte de Lady Di, em 1997. Foi um episódio espetacular. Na noite de 30 de agosto de 1997, às 21h50, Lady Di e seu namorado, Dodi Al Fayed, cruzaram a porta de entrada do Hotel Ritz de Paris. Como faziam quase sempre, viajavam às escondidas, buscando abrigo das lentes dos fotógrafos e dos cinegrafistas de TV, mas quando deixaram o hotel, cerca de duas horas depois, num Mercedes-Benz em alta velocidade, foram seguidos pelos paparazzi. Por volta da meia-noite, o automóvel, a 150 quilômetros por hora, espatifou-se contra pilastras de concreto no meio de um túnel às margens do rio Sena. Lady Di virou mártir: morreu fugindo dos flashes. Setembro de 1997 foi a temporada de condenações ao sensacionalismo. Todo mundo era contra. Naquele mesmo mês, no entanto, o rosto frágil de Lady Di, que em vida era um campeão de vendas de revistas nos Estados Unidos e na Europa, continuou a abarrotar as bancas de jornal e a render enorme audiência na TV. Seu funeral monopolizou a mídia. Enquanto isso, os fotógrafos eram execrados como abutres e acusados de causar a morte do casal. Alguns foram presos e indiciados. Tempos depois, eram inocentados. Ficou provado que o motorista, que também faleceu no acidente, estava bêbado. Levou a culpa sozinho.

Como ressaca do episódio, ficou a sensação de que a sanha dos paparazzi pode matar as celebridades. Desde então, quando se fala em invasão de privacidade, fala-se de uma força que não respeita nem a integridade física daqueles que são o objeto do desejo da massa. Ao mesmo tempo, porém, as celebridades não são passivas nesse circo fatal: elas posam para os fotógrafos, oferecem-se às revistas de fofocas, alimentam a indústria do fuxico. Pouco antes de morrer, Diana dera uma entrevista na televisão admitindo ter traído o príncipe Charles antes da separação do casal. Ela mantinha relações de cordialidade com repórteres de tablóides sensacionalistas britânicos. Mas fazia o jogo duplo. Beneficiava-se de sua fama — como todos os famosos — para depois pedir descanso e direito ao anonimato. Dessa dança de fascínio e repulsa coreografada pelas celebridades nasce a aura ambígua que cerca a chamada invasão de privacidade. O seu encanto não vem do respeito aos limites, mas da incessante renegociação de fronteiras, da instabilidade delas, da burla, do excesso consentido e depois negado, do arrojo e da incorreção. A privacidade das celebridades não apenas clama por invasão, como é uma *privacidade construída em público* (daí a iniciativa de Lady Di de contar na televisão que era adúltera). Nessa medida, o público tem, sim, o direito de saber de suas intimidades. A morte da princesa foi uma fatalidade — mas não retira a legitimidade dos que viviam de fotografá-la.

A tragédia, no entanto, relembra a todos o desafio de um limite. Há de existir um limite — onde não existe limite não existe ética. Nos meses seguintes, os próprios tablóides ingleses se manifestaram sobre o assunto, e novos pactos de conduta se apresentaram. Mas o desafio do limite, anterior até mesmo ao nascimento de Lady Di, persiste. Como regra geral, ele é dado pela prevalência do interesse público sobre a alegação da privacidade. Mas, no caso de Lady Di, a pergunta básica parece nem ter sentido: que interesse público pode haver em saber para onde vai a princesa com seu namorado à meia-noite? Há duas vias de resposta. A primeira se refere à suposta relevância pública dos movimentos íntimos da família real inglesa. A realeza, que por tradição torna privados os negócios públicos — a representação do Estado (público) é encarnada por uma família em linha hereditária (um critério, portanto, privado) —, tem a característica de, ato reflexo, tornar públicos seus negócios privados e mesmo íntimos. O casamento de um príncipe-herdeiro é assunto de Estado, e, conseqüentemente, o comportamento da esposa do príncipe também o é. Isso se ancora nos costumes da sociedade em relação à família real, o que admite variações. Na Grã-Bretanha, o público acompanha tradicionalmente cada movimento de cada membro da família real, esse é o costume que cimenta também uma ética; já na Espanha, a privacidade da família real é resguardada por um pacto tácito entre os veículos de comunicação, o que cimenta outra ética baseada em costumes. Não há um padrão absoluto. Mas os membros da família real britânica já sabem, de antemão, com que costume estão lidando.

A outra via de resposta passa pelas atitudes das personalidades cuja privacidade é objeto de reportagens, não importa se de bom ou de mau gosto. Alguém que espontaneamente alimenta os jornalistas com detalhes íntimos de sua vida familiar, conjugal ou extraconjugal — e assim agia, ainda que de modo seletivo, a princesa Diana —, não goza da prerrogativa de impor silêncio aos meios de comunicação conforme mudem suas conveniências. Quem transforma em notícia os seus namoricos deixa de ter fundamento para exigir que alguns de seus flertes não sejam mais notícia. A sua vida privada deixou de ser apenas vida privada.

Paul Johnson, no entanto, discorda. Diz ele: "Por mais privilegiados que sejam, como a realeza, por mais bem-sucedidos, como os astros do cinema e da música, por mais poderosos, como os chefes de governo, ou ricos e comemorados, todos precisam de alguma privacidade". Nada contra esse preceito geral. Mas se ele é válido, o problema passa a ser de outra ordem: quem é que arbitra o domínio privado a ser mantido em sigilo — a celebridade ou a imprensa? A única resposta possível passa pela administração, responsável e consciente, que cada um é capaz de imprimir à sua própria vida privada, mantendo claros os muros sobre sua própria intimidade *o tempo todo*. Não era esse o diapasão da princesa, nem é o da maioria das celebridades. E, mesmo assim, ainda continua a ter procedência a máxima que, entre nós, já foi bem sintetizada no início do século por Rui Barbosa (1849-1923): "Queiram ou não, os que se consagraram à vida pública, até à sua vida particular deram paredes de vidro".[3] Essa é uma regra sagrada da democracia americana. Lá, o argumento mais recorrente que se dá a essa matéria é a seguinte situação hipotética: se o presidente da República mente para a própria mulher, o público tem o direito de saber, pois a atitude de enganar a esposa denota o caráter do homem que exerce o cargo máximo do país, e seu caráter é assunto de interesse do eleitor, que leva isso em conta na hora de decidir o voto. Assim, o tema da invasão de privacidade não se reduz às paqueras de uma figura decorativa da nobreza, como era Lady Di, mas tem profunda relação com a cobertura política.

A cultura atual é marcada pela invasão da arena pública por assuntos privados, como vem sendo observado há décadas. Richard Sennett, professor de sociologia na London School of Economics e na New York University, afirma, em *O declínio do homem público*, que "vemos a sociedade mesma como 'significativa' somente quando a convertemos num grande sistema psíquico".[4] Os debates políticos se tornam melodramas sentimentais, e os temas públicos são tratados como assuntos da intimidade salpicados de namoros e intrigas pessoais. A dimensão clássica do homem público se esvanece, consumida pela sua intimidade exposta. Escândalos sexuais conduzem a cena política e, aqui e ali, desgraçam carreiras políticas. O presidente Bill Clinton, excepcionalmente, sobreviveu a alguns. O mais rumoroso foi noticiado em 1998, quando o promotor independente Kenneth Starr apurou e divulgou a ligação libidinosa de dezoito meses que Clinton manteve com uma estagiária da Casa Branca, Monica Lewinsky. Starr preparou um relatório que, publicado na internet, causou furor nas redações do mundo inteiro. Para o bem, para o mal — e para a comédia. Em setembro de 1998, Larry Flynt, editor da ultrapornográfica *Hustler*, "homenageou" o promotor pelo caráter libertino do texto e ofereceu-lhe emprego em sua revista. O presidente safou-se do impeachment e da renúncia, mas saiu do escândalo desgastado e sem autoridade. O affaire ganhou mais projeção que qualquer outro tema presidencial na América, não apenas por moralismo da nação, ou por um certo espírito de futricagem da massa. O caso ganhou destaque pelo que revelava sobre o caráter do chefe de Estado. Pode um mandatário do Executivo alegar privacidade quando seduz uma jovem no próprio ambiente de trabalho? O fato de ele ter sobrevivido no cargo indica que existe mais tolerância e menos hipocrisia sobre o tema, o que não autoriza ninguém a afirmar que temas da intimidade estão inteiramente fora do interesse público e que, portanto, não devem mais ser objeto da investigação jornalística. É claro que é deprimente ver toda a cobertura política escorrer pelo ralo de aventuras amorosas, mas, sem recorrer à censura, o que seria intolerável, não há como impedir que o público tenha acesso a tais assuntos. O desejável é que prepondere a moderação nesse tipo de cobertura. O desejável, porém, é incontrolável. Daí o mal-estar. Como regra geral, Johnson é mais atual que Rui Barbosa: todos têm direito à privacidade, mesmo sendo figuras públicas. Em contrapartida, a alegação de privacidade pode ser uma barreira ao direito à informação quando se relaciona com os assuntos públicos. Ainda que indiretamente.

A orientação da imprensa não precisa ser a de sonegar dados, mas a de educar o público, demonstrando que preferências de ordem privada não têm necessariamente conseqüência na lisura com que um político administra a coisa pública. Os preconceitos morais devem ser neutralizados *com* a informação, não sem ela. Há muita deselegância nas páginas dos jornais, sem dúvida, mas há também avanços, que redundam em maior tolerância às diferenças. É o que se verifica quando a homossexualidade de parlamentares e chefes do Executivo passa a ser aceita com normalidade pelos eleitores. Antes, um congressista gay seria impensável. E por puro preconceito. Hoje, em muitas comunidades, já não é assim. Mas mesmo esse congressista, gay ou não, não pode se valer do cargo para seduzir os parceiros. E, quando ele assim agir, sua conduta deve, sim, ser examinada e julgada pelo público. Foi em parte o que justificou a cobertura ao affaire de Clinton.

O ponto crítico não é portanto a informação em si: é o modo como ela é explorada pela imprensa. A privacidade não é um tabu, uma zona proibida, mas um limite socialmente posto. O dilema não é bem "invadi-la" ou não: o dilema está nos critérios claros e socialmente justificáveis para abordá-la e também para a maneira acertada de fazer isso. O sensacionalismo, o moralismo e o mau gosto prejudicam o jornalismo em todos os campos — não apenas no que se refere à chamada "invasão de privacidade". Quando temas da intimidade alheia se prestam aos mercadores de fofocas, movidos pelo mero interesse de extrair lucro da curiosidade perversa do público, o problema não está na privacidade invadida: ele está no desrespeito do jornalismo aos padrões de elegância.

Diz-se que a elegância não pode ser definida e que, assim, não serve como parâmetro ético. É verdade que ela não pode ser definida em termos universais, mas serve de base. E é simples entender por quê. Do jornalista se pode exigir que ele se guie segundo o seu bom senso de cidadão, que, embora pareça um critério tênue e subjetivo, é real. Bastaria que os jornalistas não aceitassem oferecer ao público aquilo que não gostariam de ver oferecido aos seus filhos, e boa parte dos problemas que tangem o mau gosto estariam resolvidos.

Um ficcionista, um pintor, um cineasta têm o direito de criar e difundir obras que combatam e mesmo que destruam os padrões morais da sociedade em que vivem. A liberdade absoluta faz parte de sua ética. O mesmo não se pode dizer do jornalista; enquanto os artistas criam mundos irreais, às vezes conseguindo com isso descortinar verdades profundas, o jornalista lida com o mundo dos fatos e está atado à verdade imediata. Sua matéria-prima é aquela substância informativa que interessa à cidadania, o que o subordina aos padrões morais que vigem para os cidadãos — estes é que delegam a ele o direito de ser um jornalista. Ele é um representante da sociedade e, logo, é regido pelos mesmos princípios que pautam o comportamento público de qualquer um. Isso não significa estar subjugado por preconceitos obscurantistas, significa apenas que ele é instado a dialogar com a moralidade vigente em termos aceitos como sendo civilizados. Quem é pago para informar o cidadão e publica aquilo que não gostaria de ouvir em sua própria casa está traindo a delegação de que está investido. É nesses termos que se pode falar de bom gosto em jornalismo. Não se trata de definir e decretar "o" bom gosto acima da sociedade, mas de algo que pode — e deve — ser a expressão do que a sociedade em sua média deseja de melhor como padrão de convivência, de diálogo e de formação cívica. Quem dita esse padrão não são os humores do público, ou suas curiosidades perversas, e sim o interesse público. Por isso, o sensacionalismo é eticamente reprovável. Sensacionalismo, atenção, não é sinônimo de "jornalismo popular", como se costuma acreditar. "Jornalismo popular", nessa acepção, é em si uma acepção preconceituosa: supõe que popular seja sinônimo de mau gosto. Pode-se fazer jornalismo popular e mesmo jornalismo policial, cujo tema é a violência, dentro de bons padrões éticos. Sensacionalismo é o jornalismo que se curva ao preconceito, intensificando-o. O jornalismo que toma por objeto realidades normalmente envoltas em preconceitos — a criminalidade e a sexualidade, por exemplo — pode muito bem ter um efeito educativo, que contribui para a consciência dos direitos e do respeito às diferenças. O mau gosto não está no assunto nem na linguagem (termos que são considerados "chulos" por um determinado leitorado podem fazer parte da normalidade lingüística de outro, e isso deve ser levado em conta, dentro do bom senso). Está na orientação geral da cobertura.

O dilema entre o respeito à privacidade e o interesse público é recorrente. Em 1992, ele foi vivido diariamente na imprensa. Denúncias contra o presidente da República, Fernando Collor, eram manchetes em todo o país. Muitas delas invadiam sua privacidade. Era o interesse público que assim exigia. No dia 23 de maio de 1992, um sábado, a revista *Veja* foi às bancas com o retrato de Pedro Collor, irmão do presidente, em sua capa: "Pedro Collor conta tudo — O vídeo e a entrevista com os ataques do irmão do presidente". As declarações do entrevistado, mais do que invadir, devassavam segredos pessoais do chefe do Executivo, lançando contra ele acusações de uso de drogas, entre outras. Sem provas. A substância da reportagem eram as declarações do irmão do presidente. O episódio é narrado em detalhes pelo jornalista Mario Sergio Conti, ex-diretor de redação de *Veja*, em *Notícias do Planalto*,[5] mas o aspecto que aqui se quer destacar não são as minúcias factuais, e sim o dilema ético que se apresenta em casos assim. Trata-se de um duelo entre dois valores: o interesse público versus a privacidade dos personagens da história. Os editores de *Veja* seguiram o princípio de que as denúncias de Pedro Collor eram relevantes por si mesmas, mas optar por publicá-las era uma decisão especialmente difícil, porque Pedro Collor não apresentava provas naquele momento. Mesmo assim, a revista seguiu o princípio de que o cidadão tinha o direito de conhecer as denúncias. Não restam dúvidas de que acertou.

Além disso, é bom lembrar que atributos privados de Fernando Collor foram tornados públicos, por ele mesmo, como virtudes que o credenciavam para ocupar o cargo de presidente. Ele se apresentou ao país como alguém capaz de exercer a Presidência porque, segundo sua propaganda, era jovem, saudável, ousado, corajoso, casado, fiel, religioso, empreendedor. Os aspectos de sua vida íntima faziam parte de seu currículo e, com base neles, Fernando Collor pediu apoio a seus eleitores. Estavam portanto postos por ele mesmo como premissas de sua conduta pública. Haviam se tornado assunto de interesse público — investigá-los era dever dos jornalistas. Se, naquele ano de 1992, tivesse prevalecido um suposto respeito à privacidade de Fernando Collor, a democracia brasileira estaria hoje mais atrasada do que está. E o jornalismo também.

Há outros cuidados que ajudam em dilemas entre o respeito à privacidade e o interesse público. Um deles é sugerido por vários críticos da imprensa: diferenciar o que é interesse público do que é curiosidade perversa do público (que pede o escândalo pelo escândalo, doa a quem doer). É verdade que ninguém consegue traçar a fronteira universal entre um e outra, não existe uma receita abstrata que seja válida para todas as situações, mas a simples lembrança dessa cautela já traz mais elementos para uma boa decisão sobre os casos concretos que se apresentem.

Nesse ponto, o maior problema é que a separação entre interesse público e curiosidade perversa do público, normalmente, costuma ser viciada por um certo preconceito de classe. Os personagens que se situam no topo da pirâmide social têm merecido mais esse tipo de preocupação do que aqueles que se situam na base. É tristemente curioso que só se fale em invasão de privacidade quando a pessoa prejudicada é alguém de posse ou de poder. É como se gente pobre não tivesse intimidade a ser preservada.

Os programas sensacionalistas do rádio e os programas policiais de final da tarde em televisão saciam curiosidades perversas e até mórbidas tirando sua matéria-prima do drama de cidadãos humildes que aparecem nas delegacias como suspeitos de pequenos crimes. Ali, são entrevistados por intimidação. As câmeras invadem barracos e cortiços, e gravam sem pedir licença a estupefação de famílias de baixíssima renda que não sabem direito o que se passa: um parente é suspeito de estupro, ou o vizinho acaba de ser preso por tráfico, ou o primo morreu no massacre do fim de semana no bar da esquina. A polícia chega atirando; a mídia chega filmando. As taras sexuais dos miseráveis são transformadas no prato do dia nos banquetes do sensacionalismo; as mortes trágicas viram show; as traições conjugais se transformam em comédia chula dos programas de auditório. É mais fácil um camelo passar no buraco de uma agulha do que um rico entrar nas bizarrias dos shows de televisão. Crianças são expostas em suas deformidades físicas e suas doenças incuráveis. Outras vêem seus pais se estapearem sob acusação de adultério. Como vivem à margem dos direitos, essas pessoas não têm reconhecido o seu direito à privacidade; sua intimidade não existe — ou não vale nada. Se o fato de um milionário acusado de corrupção ser tratado com maus modos pelas manchetes é motivo para seminários sobre ética — com razão —, o fato de um subassalariado ser humilhado por um entrevistador de TV é um dado a mais do cotidiano. Não desperta a menor crise de consciência. Entre os pobres, a invasão de privacidade é uma regra que não incomoda ninguém. É como se nem mesmo o sensacionalismo mais barato pudesse prejudicar a imagem de alguém que, afinal de contas, nem goza do direito de ter uma reputação. Aí, de modo privilegiado, aparece nítido o caráter de classe da ética jornalística praticada no Brasil.

4. Assassinato de reputação

Quando os personagens se situam acima da linha da dignidade humana, e desfrutam de alguma reputação, aí, sim, entende-se que a imprensa é capaz de destruí-los. E de fato os destrói. Por distorção deliberada ou inadvertida. Um exemplo de assassinato de reputação aconteceu em 1992, quando se verificou uma campanha contra o ministro da Saúde de Fernando Collor, Alceni Guerra. Mario Sergio Conti, em *Notícias do Planalto*, conta como a Rede Globo liderou essa campanha.

Alceni fora encarregado pelo presidente Collor de se aproximar de um opositor graúdo — o então governador do Rio de Janeiro, Leonel Brizola, que depois se converteria num apoiador do presidente. A missão do ministro da Saúde era conduzir ações conjuntas do governo federal com o governo do Rio. Alceni pressentiu que iria pisar em terreno minado e tentou safarse da missão. Ele acreditava que essa aproximação iria fazer dele um desafeto dos Marinho, donos da Globo, inimigos históricos de Brizola. Mas não conseguiu se livrar do encargo. De fato, logo começaram a surgir reportagens maliciosas do *Jornal Nacional*, que, no entanto, não falavam nada a respeito de Brizola. Apenas batiam no ministro. A licitação para a compra de 30 mil bicicletas (além de mochilas e guarda-chuvas) pelo Ministério da Saúde, que serviriam de meio de locomoção para os agentes de saúde das regiões Norte e Nordeste, virou emblema para a perseguição, encampada por vários outros órgãos de imprensa. Numa das reportagens, o repórter Alexandre Garcia apareceu no *Jornal Nacional* andando de bicicleta e segurando um guarda-chuva. Pressionado, o próprio ministro contratou uma auditoria em sua pasta. Dali, surgiram vinte irregularidades, que se tornaram objeto de investigação. Mais notícias contra seu ministério. Alceni deixou a pasta e, nove meses mais tarde, conforme informou a revista *Veja* na edição de 21 de junho de 2000, teve seu processo — em que era acusado de acobertar as irregularidades na Saúde — arquivado pela Procuradoria Geral da República. O estrago, porém, já estava feito. O ex-ministro, anos mais tarde, conseguiu reiniciar sua carreira política se elegendo prefeito de Pato Branco, no Paraná, onde sua família está instalada desde os anos 1950.

Os acusados no caso da pequena Escola Base, que tinha sede no bairro da Aclimação, em São Paulo, não tiveram a mesma chance para se reerguer. Eles constituem o mais eloqüente exemplo de assassinato de reputação da década de 1990 no Brasil. Foram vítimas não de distorções deliberadas, mas de distorções inadvertidas cometidas pelos jornalistas. Em março de 1992, uma denúncia infundada de abuso sexual das crianças do maternal alastrou-se em ritmo de histeria coletiva em televisões, rádios e jornais. A escola foi pichada, atingida por um coquetel molotov e depredada. A casa de dois dos acusados foi saqueada. Alguns ficaram presos em condições humilhantes. Dois meses depois das denúncias, os jornais iniciaram o mea-culpa, e vários artigos e reportagens tentaram recompor a verdade. Mas a vida dos acusados jamais se reconstruiu. O caso todo foi reconstituído no livro-reportagem de Alex Ribeiro, *Caso Escola Base — Os abusos da imprensa*,[6] em que a genealogia dos erros inadvertidos é esclarecida. Com base nas declarações de um delegado precipitado, que logo seria afastado das investigações, a imprensa prejulgou os suspeitos e contribuiu para que eles ficassem expostos à fúria popular. Apenas o *Diário Popular*, que, segundo o livro de Alex Ribeiro, era o que tinha o maior número de repórteres policiais e também mais experiência na área, mesmo tendo tido acesso à história antes dos outros, julgou que não havia elementos suficientes para a publicação das investigações, a qual poderia expor pessoas inocentes. E decidiu esperar. Os outros embarcaram na corrida sensacionalista — e assassinaram a reputação de cidadãos contra os quais jamais houve prova consumada de abuso sexual.

5. Superexploração do sexo

A superexploração do sexo é outro pecado capital bastante difícil de mensurar, uma vez que depende das balizas que são dadas pelos costumes de cada comunidade. Mas há um alerta a ser levado em conta. Paul Johnson adverte os responsáveis pela comunicação social para que não cedam às demandas dos chamados baixos instintos, o que é razoável. Aí, tanto o sexo como a violência (embora Johnson não fale desta) assumem um destaque preocupante.

Criticando os canais abertos de televisão, George Gilder, cujas análises sobre o futuro das telecomunicações o transformaram num dos mais requisitados palestrantes dos Estados Unidos, credita o rebaixamento do nível ético e estético das programações à supremacia dos interesses perversos. Em *A vida após a televisão*, ele diz: "As pessoas têm pouco em comum, exceto seus interesses lascivos e seus medos e ansiedades mórbidas. Tendo necessariamente por alvo esse mínimo denominador comum, a televisão piora a cada ano".[7] Quando a receita é simplesmente dar ao público o que o público deseja, os meios de comunicação perdem as medidas. O mecanismo é simples. Nenhum cidadão precisa assumir publicamente sua preferência por atrações de gosto duvidoso: tudo o que ele tem a fazer é sintonizar sua televisão no canal que explora em exagero o sexo e a violência. Como se acredita que os índices de audiência refletem fielmente o interesse público e as necessidades dos cidadãos, os responsáveis pela comunicação social sentem-se autorizados à prática da baixaria. Assim, cria-se um dos paradoxos do nosso tempo: as predileções inconfessáveis de cada um, que só podem ser cultivadas sob a proteção do anonimato, entre quatro paredes, convertem-se em regra de conduta pública dos meios de comunicação. Esse mecanismo, porém, não vale apenas para as emissoras de televisão de canal aberto que buscam o "mínimo denominador comum" da grande massa, mas para todas as formas de comunicação eletrônica atuais, inclusive a internet, onde sexo e violência são chamarizes recorrentes e muito bem-sucedidos.

Há uma hipocrisia moralista em toda essa história. Para começar, do público. Não é difícil observar que os programas que mais geram protesto são também os que mais se destacam na audiência. A sociedade vê aquilo que diz repudiar. No Brasil, e também fora do Brasil, não são as classes mais pobres que sustentam a audiência do sexo e da violência; os adeptos das modalidades ditas "baixas" se distribuem em todas as camadas sociais. Em segundo lugar, há a hipocrisia dos responsáveis pelas programações, que se escudam no argumento de que dão ao público o que o público pede. A popularidade, um indicador de mercado, se sobrepõe à legitimidade. Então, é legítimo aquilo que goza de popularidade. A imprensa tem o dever de se insubordinar contra isso. De novo, a única solução ética ao alcance dos jornalistas — e, acima deles, dos responsáveis principais pelos meios de comunicação — é buscar um parâmetro mínimo de bom gosto, sendo o critério do bom gosto aquilo que cada um aceitaria com tranqüilidade dentro de sua própria casa. Isso não basta, por certo, mas seria um bom patamar mínimo. Não se pode condenar ninguém pelo pecado da deselegância, mas pode-se perfeitamente questionar um dono de emissora que oferece à sociedade aquilo que sabidamente não toleraria que fosse oferecido a seus filhos.

6. Envenenamento das mentes das crianças

Esse é um pecado não da imprensa, mas da cultura. O jornalismo sozinho não é o responsável pelo que Johnson chama de envenenamento da mente das crianças. Quando a indústria dos games adota enredos de extrema brutalidade para os jogos em vídeo que são vendidos ao público infantil, não se podem culpar as reportagens pelo que se passa. Hoje, pais que se orgulham de não presentear seus filhos com espingardinhas de plástico para não ensiná-los a ter atitudes violentas orgulham-se também de poder comprar equipamentos caros que, acoplados à televisão, oferecem não apenas pistolas automáticas, mas aviões de guerra, tanques, morteiros e até bombas. As crianças não têm direito a ganhar de Natal um revólver e um chapéu de xerife, mas podem aprender a matar zumbis (como no video game *Resident Evil II*) e soldados comunistas (em *007*). De outro lado, a publicidade as ensina a fumar e beber, com marcas de cigarro estampando o macacão dos ídolos da Fórmula 1 e marcas de bebida patrocinando campeonatos esportivos ou atrações culturais as mais diversas. As propagandas na TV ensinam que ter um tênis caro é mais importante do que ser solidário. Não é o jornalismo que "envenena a mente das crianças", ou pelo menos não é ele o maior culpado.

Mesmo assim, a imprensa poderia ser mais crítica do que é e poderia combater o envenenamento. E se furta a isso, talvez porque não queira parecer antipática — ela também confunde popularidade com legitimidade —, ou para não criar mal-estar com anunciantes, ou simplesmente para não ser tachada de mal-humorada. O bom humor, ultimamente, tem virado sinônimo de conformismo contente.

7. Abuso de poder

Diz Paul Johnson:

> Desde que Macaulay denominou a imprensa de "o Quarto Poder", há consciência do poder político de que a mídia dispõe, o que pode ser chamado de "síndrome de cidadão Kane" [...] Os proprietários dos meios de comunicação nem sempre estão conscientes do grau de poder que exercem, e de sua natureza corruptora. Pois o dito de lord Acton de que todo poder tende a corromper aplica-se tanto à mídia quanto à política. O exercício

por longo prazo de um grande poder produz uma vulgarização das sensibilidades morais, uma certa abordagem descuidada e temerária de decisões graves.

Não há como discordar dessas palavras.

Isso é ainda mais grave quando se pensa no poder de um veículo como a televisão que, nas últimas três décadas do século, exerceu hegemonia na organização do espaço público contemporâneo em todo o mundo e, de modo mais marcante, no Brasil. Muitos já lançaram advertências sobre o perigo dessa hegemonia, entre eles o filósofo austríaco Karl Popper (1902-94), que, no livro *Televisão — Um perigo para a democracia*, pediu um controle para o poder da televisão: "Não pode haver democracia se não submetermos a televisão a um controle, ou, para falar com mais precisão, a democracia não pode subsistir de uma forma duradoura enquanto o poder da televisão não for totalmente esclarecido".[8] A introdução desse mesmo livro, assinada por Giancarlo Bosetti, exprime o desconforto representado por Karl Popper: "A televisão tornou-se um poder incontrolado, e qualquer poder incontrolado contradiz os princípios da democracia".

Ninguém aqui irá propor qualquer fórmula de censura ou qualquer colegiado de autoridades públicas que sejam encarregadas de "filtrar" aquilo que a televisão pode veicular. A liberdade de imprensa é inegociável. Mas, como poder que são, os meios de comunicação requerem de seus controladores uma subordinação a valores éticos que construam — e não corrompam — a democracia em nome da qual a liberdade lhes é conferida. Não é a veiculação de conteúdos que precisa ser monitorada pela autoridade, mas o poder que precisa ser limitado — e isso significa limitar a propriedade dos meios eletrônicos de comunicação. É disso que se trata.

A democracia deve assegurar um regime em que prevaleça, no mínimo, a pluralidade de veículos informativos e a competição entre os órgãos de imprensa. Isso, infelizmente, como já foi visto, ainda não se verifica no Brasil no que se refere aos meios eletrônicos. Daí resulta um desequilíbrio que distorce a informação e que convida os proprietários a se esquecer da responsabilidade que lhes cabe. Eles, afinal, não precisam prestar contas a ninguém. A concessão pública de um canal a uma emissora de televisão no Brasil tem validade de quinze anos, e sua não-renovação depende da aprovação de, no mínimo, dois quintos do Congresso Nacional em votação nominal (artigo 223, parágrafo terceiro da Constituição Federal). Ora, isso é o mesmo que dizer que a concessão é perpétua. Que parlamentar quer arriscar-se a cair nas listas negras das redes de televisão?

A concessão não está subordinada na prática sequer a uma carta de princípios que, se desobedecida, justificaria uma pena de suspensão ou mesmo de cassação da concessão. As emissoras de televisão no Brasil, quando distorcem as informações, saem impunes. O abuso de poder é uma lei — a lei da selva. Nessa matéria, a ética jornalística não basta. Esperar que a limitação de poder possa brotar da boa consciência dos proprietários é insistir no erro. É preciso que, por força da legislação, haja limites para o poder das emissoras — como existe nos Estados Unidos, por exemplo. Lá, esse limite é um limite da propriedade privada. Uma agência, a Comissão Federal de Comunicações (FCC), é a responsável pela regulação do setor. Por meio do estabelecimento de regras e também pela fiscalização, ela procura proteger a pluralidade e a diversidade de empresas e de opiniões na comunicação social.

Tradicionalmente, a FCC não autoriza que uma mesma empresa tenha uma emissora de televisão e um jornal numa mesma cidade. A partir da década de 1990, é verdade, esse veto vem admitindo flexibilizações em casos específicos, o que em parte se deve ao advento das novas tecnologias (com a confluência dos meios, não há mais um limite claro entre um jornal pela internet e meios eletrônicos, e a lei não pode impor regras baseadas em tecnologias ultrapassadas). Mas, acima das flexibilizações, o princípio de garantir a diversidade permanece. "O mercado de mídia torna-se cada vez mais dinâmico e competitivo, com um crescente número de distribuidores de informação e plataformas de mídia e os americanos usando essas opções mais que nunca", disse William E. Kennard, presidente da FCC.[9] "Nosso relatório equaciona o interesse público relativo à diversidade da propriedade com as exigências de um mercado em mudança e com a necessidade de as empresas de radiodifusão aproveitarem a eficiência econômica e continuarem competitivas." Segundo a FCC, as restrições não serão revogadas, mas apenas afrouxadas em casos específicos.

No relatório bienal que foi divulgado em junho de 2000, a FCC reafirma seus objetivos históricos:

> Por mais de meio século [a agência foi criada pelo Communications Act de 1934], as regulações desta Comissão para os serviços de radiodifusão vêm sendo guiadas pelas metas de promover competição e diversidade [...] Competição é uma parte importante porque promove o bem-estar do consumidor e o uso eficiente dos recursos, além de ser um componente necessário para a diversidade. A diversidade de proprietários [dos meios de comunicação] leva à diversidade de pontos de vista e promove os princípios centrais da Primeira Emenda [a emenda constitucional de 1791 que consagra a liberdade de reunião, de expressão e de imprensa].

Por isso, em nome de manter a diversidade e a pluralidade, a FCC proíbe expressamente qualquer fusão ou aliança entre as quatro grandes redes de TV nos Estados Unidos: a Fox, a ABC, a NBC e a CBS.

Não se trata de discutir em detalhes o número de jornais que cada empresa pode ter em combinação com outro número de canais por assinatura e mais a participação em redes nacionais. O que é preciso destacar é o princípio democrático de limitar a propriedade dos meios de comunicação para resguardar o regime da concorrência entre as empresas e um ambiente de multiplicidade de opiniões e pontos de vista. Esse princípio é que é essencial. É verdade que vários dos limites de concentração de propriedade de meios de comunicação vêm sendo revistos e afrouxados nos Estados Unidos, mas o princípio de manter a diversidade continua vivo. No Brasil, jamais se cultivou verdadeiramente nada parecido. Aqui, o abuso de poder caminha sem a menor perspectiva de controle. É uma pena. A ética jornalística, para prosperar, depende da existência de um ambiente minimamente equilibrado e plural para os meios de comunicação.

"OS DEZ MANDAMENTOS"

Contra as mazelas e as falhas, Paul Johnson propõe "dez mandamentos" que devem nortear o trabalho dos jornalistas. Devem também orientar o público, pois cabe ao público exigir que lhe seja dada informação de qualidade. São eles:

1. Desejo dominante de descobrir a verdade.
2. Pensar nas conseqüências do que se publica.

Em *Normas y conflictos*, carta reservada editada por Carlos Soria, da Universidade de Navarra, divulgada em 1993, há um episódio que ilustra bem a procedência desse mandamento: "A informação mata. Um editorial do diário italiano *Il Tempo* resumiu nessa idéia sua decisão de não publicar mais nenhuma informação sobre as circunstâncias e métodos usados pelos suicidas para se matar. Dez jovens italianos já tinham se matado pelo método de respirar os gases do cano de escapamento de seus carros".[10]

3. Contar a verdade não é o bastante. Pode ser perigoso sem julgamento informado.

Aqui, o apelo de Johnson é de natureza utilitária, ou seja, o jornalista deve levar em conta as conseqüências de seus atos antes de decidir o que fazer.

4. Possuir impulso de educar.
5. Distinguir opinião pública de opinião popular.

O termo *popular* na frase não é feliz. Permite um entendimento de que o "popular" carrega um valor negativo em oposição ao público, e não é esse o caso. O mais preciso seria dizer: distinguir o interesse público da curiosidade perversa do público e distinguir legitimidade de popularidade.

6. Disposição para liderar.
7. Mostrar coragem.

O sexto e o sétimo "mandamentos" soam um tanto épicos. O jornalismo não é nenhuma liderança política da sociedade. Mas deve-se ter em conta que "disposição para liderar" significa ser capaz de remar contra a maré, ter a iniciativa de, se necessário, combater o senso comum. O que se completa com a obrigação de "mostrar coragem". Sem bravatas nem demonstrações de valentia, a imprensa não pode se dobrar às pressões — e tem de deixar explícito que não se dobra.

8. Disposição de admitir o próprio erro.
9. Eqüidade geral.
10. Respeitar e honrar as palavras.

TRÊS COMENTÁRIOS CRÍTICOS COM BASE NOS "SETE PECADOS CAPITAIS" E NOS "DEZ MANDAMENTOS"

1. O mito da opinião pública (e da verdade por ela revelada)

Dos pecados aos mandamentos de Paul Johnson, há ideais de fundo que permanecem encobertos, intocados. Para um entendimento menos ingênuo do lugar histórico — e ideológico — do jornalismo, devem ser examinados criticamente. O centro desses ideais é o da opinião pública, que subjaz como origem de tudo e, ao mesmo tempo, como instância suprema da sabedoria democrática: a fonte da verdade. Em nosso tempo, esse ideal subsiste como um mito. Antes, talvez há dois séculos, era um conceito capaz de unificar os projetos democráticos em oposição ao regime absolutista. Na época, a imprensa era a voz da opinião pública; a soberania popular estava acima de tudo. Era em nome dela que as transformações urgiam. Atualmente, a idéia de opinião pública perdura como lembrança longínqua: foi englobada pelo mercado de consumo, e a velha sabedoria democrática, cidadã por definição, parece dar lugar a manifestações dos desejos dos consumidores.

Hoje, a imprensa integra uma superindústria que vai das atrações do entretenimento às infra-estruturas de telecomunicações, envolvendo o planeta como um novelo de cabos, satélites e antenas por onde navegam conteúdos os mais diversos. A informação caminha como o capital — eletronicamente, na velocidade da luz. Os conglomerados da mídia concentram tanto dinheiro quanto os bancos, e a mídia está entre os maiores negócios da atualidade, envolvendo cifras comparáveis às da indústria automobilística e das companhias fabricantes de softwares. Dois séculos de história e montanhas de dólares separam o jornalismo atual dos jornais que buscavam realizar os ideais iluministas no calor da Revolução Francesa. Não obstante, aqueles mesmos princípios, de cidadania e de direitos humanos, ainda servem de norte para o jornalista. É justo que seja assim, mas as coisas já não são o que costumavam ser. Há um quê de anacronismo no ar quando um repórter invoca o conceito de opinião pública para fazer isso ou aquilo.

O público capaz de julgar

O conceito de opinião pública entra na cena histórica como realização das Luzes e da Razão, o canteiro em que floresceria a árvore da Verdade e da Justiça: era o grande tribunal dos homens comuns. Robespierre, um dos jacobinos mais radicais a liderar a Revolução Francesa, era retórico e contundente: "Opinião Pública, eis o único juiz competente das opiniões particulares, o único censor legítimo dos escritos. Se ela os aprovar, com que direito vocês, homens do poder, poderão condená-los?". Tudo em nome dela, inclusive a própria liberdade de imprensa.

Uma breve arqueologia do conceito pode ser encontrada em *Opinião pública e revolução*, de Milton Meira do Nascimento. O autor sustenta que, no século XVIII, na França, as produções intelectuais que buscavam diálogo com o povo, como as dos enciclopedistas, entre tantos outros, constituíam um prenúncio do nascimento da opinião pública tal como ela veio a ser entendida. "Já não estaria ali o pressuposto da existência de um público capaz de julgar?", pergunta-se Meira do Nascimento.[11] Na época, deu-se um sólido crescimento do público leitor, o que seria indispensável para que os *philosophes* se comunicassem com os cidadãos em larga escala. "O número de alfabetizados provavelmente duplicara no curso do século", diz Robert Darnton em *Boemia literária e revolução — O submundo das letras no Antigo Regime*. "A constante tendência ascendente da economia, combinada com o aperfeiçoamento do sistema educacional, gerou, quase certamente, um público leitor maior, mais rico e com mais tempo disponível. A produção de livros disparou."[12] Sim, havia um público em formação, mas uma dúvida já se insinuava: seria esse público, de fato, capaz de julgar e de adotar decisões racionais?

O ideal democrático iria supor que sim. Mas seria necessário preparar os comuns do povo para que estes pudessem assumir tão elevado encargo. Como, então, preparar o povo para convertê-lo em opinião pública? A resposta do iluminismo era direta: pela ação pedagógica e doutrinária dos *philosophes*, os "iluminadores" por excelência. "O povo só será soberano, isto é, só se constituirá como detentor do poder máximo da sociedade, se for suficientemente esclarecido pelos homens de letras", escreve Meira do Nascimento, sintetizando o pensamento de um dos pensadores da época, Louis-Sebastien Mercier.[13]

Foi esse, de fato, o grande tema do século XVIII. Até ali, a noção de "opinião" aparecia associada a uma crença ou a uma convicção particular, impossível de ser comprovada cientificamente. Mesmo quando compartilhada por um grupo de pessoas, a opinião não era vista como algo que coincidisse com a verdade, ou com a ciência. Ela representava justamente o contrário: a opinião era uma aglomeração personalíssima de palpites, superstições, preconceitos. É verdade que a opinião particular de um líder poderia até ser coletivizada, isto é, poderia ser aceita como verdade por uma comunidade inteira, mas essa "coletivização" não lhe mudaria o caráter: ela jamais poderia alçar-se à condição de verdade à luz da razão; era produto de uma visão pessoal, avessa aos métodos científicos, avessa à racionalidade.

Já a opinião pública tal como foi idealizada pelo iluminismo, esta estaria num grau superior ao das opiniões particulares. Pelo esclarecimento, ela seria uma força racional capaz de substituir o preconceito, que, no dizer de Meira do Nascimento, nada mais é do que a perpetuação do erro como verdade. Mas como é que a verdade poderia emergir no caldeirão da opinião pública e sepultar os preconceitos? Pelo livre debate das idéias. Malesherbes, um dos filósofos do século das luzes, assegurava que "a discussão pública das opiniões é um meio seguro para fazer brotar a verdade, e talvez seja o único". Esclarecido, o povo no exercício de seus direitos de opinião e expressão faria nascer a verdade — ela prevaleceria no final, por sua força intrínseca. A verdade haveria de triunfar, sempre, em paz com a justiça. Por isso a idéia de opinião pública surge com tanta força na retórica dos revolucionários franceses: porque ela é a mãe da verdade.

É curioso, mas a razão iluminista não é tão-somente uma razão: é uma Razão acima da racionalidade; deposita suas esperanças em um mecanismo, para dizer o mínimo, supra-racional. Segundo essa razão iluminista, a verdade irá se desvelar numa epifania, coroando como uma apoteose o exercício do debate.

A voz de Deus

Para vários revolucionários franceses, entre eles Saint-Just, a opinião pública, assembléia compacta das consciências de todos os homens livres e iguais, poderia até mesmo ser portadora da verdade divina. O que faz um profundo sentido histórico. Tendo parte com Deus, ela nasce como a primeira força humana capaz de opor-se ao próprio Rei, que era anunciado como o escolhido da vontade divina, vontade cujos desígnios eram misteriosos e inacessíveis aos comuns do povo. O advento da opinião pública ajuda, assim, a romper a sustentação divina dos monarcas, aqueles que eram eleitos por Deus.

Desde então, a tese mística da revelação da verdade como a salvação contra todas as tiranias jamais abandonou o conceito de opinião pública. Esta se tornou a fonte de um poder sem precedentes. Alexis de Tocqueville foi encontrá-lo na democracia americana: "Não há monarca tão absoluto que possa reunir em sua mão todas as forças da sociedade e vencer as resistências, como pode fazê-lo uma maioria investida do direito de fazer as leis e executá-las".[14] Nascido do iluminismo francês (e europeu), o conceito de opinião pública consagra-se como o tribunal máximo da democracia americana e, de forma disseminada, de todas as democracias do século XX. A mediá-la, sempre está lá a imprensa. Não surpreende que algumas das críticas mais fortes ao mito que ela encerra tenham vindo dos próprios jornalistas. Walter Lippmann não dispensava a ironia. "Os retratos dentro da cabeça dos seres humanos, retratos deles mesmos, dos outros, das suas necessidades, propósitos e relacionamentos, são suas opiniões públicas", diz ele em *Public opinion*. "Aqueles retratos que são adotados por grupos de pessoas, ou por indivíduos agindo em nomes de grupos, são Opinião Pública com letras maiúsculas."[15] Lippmann, na linguagem seca do jornalismo, desnudou a opinião pública como uma espécie de crendice, uma figura retórica sem correspondência na prática. Não haveria, para ele, verdade científica nenhuma nisso que aprendemos a chamar de opinião pública.

A voz do mercado

Mais tarde, já no início dos anos 1960, o filósofo alemão Jürgen Habermas, em *Mudança estrutural da esfera pública*, também irá tratar a opinião pública, ao menos em sua acepção liberal, como "ficção". Para Habermas, o malogro do conceito é de outra natureza. Para ele, o que houve foi que o público se transformou e deixou de ser a instância que congrega as consciências livres e lúcidas. A sociedade em que um público pensante (constituído de sujeitos privados que adquirem relevância pública) constrói um ambiente dialógico na recepção e emissão de opiniões esvaneceu-se com o surgimento dos meios de comunicação de massa. E o ideal de opinião pública esvaneceu-se também. Enquanto os jornais do século XIX eram produto da iniciativa dos cidadãos de se comunicar, de dialogar e debater idéias, os meios de comunicação de massa do século XX são produto do mercado. Não mais são produzidos pelas necessidades políticas do público, mas pelas necessidades de mercado. O público é que é agora "produzido" para então ser vendido aos anunciantes. A fé na opinião pública vai perdendo o sentido. Habermas diagnostica: "Os desejos 'privados' por automóveis e geladeiras recaem na categoria 'opinião pública' tanto quanto todos os demais modos de comportamento de grupos quaisquer".[16]

Ele também diz que o próprio conceito de público já não é válido. Agora, para Habermas, existiria a massa no lugar do público. Ao final de seu livro, ele cita C. W. Mills para dar o atestado dessa transformação. "Num público", escreveu Mills, "[...] opiniões formadas através de tal discussão [o livre debate das idéias] rapidamente encontram uma saída na ação efetiva, mesmo contra — caso necessário — o sistema dominante de autoridade. E instituições autoritárias não penetram o público, que nisso é mais ou menos autônomo em sua operação." Em oposição ao que se dá no público, ainda segundo Mills,

> numa *massa*, muito menos gente expressa opiniões do que as

> recebe, pois a comunidade do público torna-se uma coleção abstrata de indivíduos que recebem impressões dos meios de comunicação de massa. As comunicações que prevalecem são organizadas de tal modo que é difícil ou impossível para o indivíduo responder de modo imediato ou com qualquer eficácia. A efetivação da opinião em ação é controlada por autoridades que organizam e controlam os canais de tal ação. A massa não tem autonomia frente às instituições; pelo contrário, agentes de instituições autorizadas penetram essa massa, reduzindo qualquer autonomia que ela possa ter na formação de opinião através de discussão.

Alguém pode alegar que essas palavras de Mills, publicadas em 1956, encontram-se superadas pelo advento recente da internet. Não estão. É verdade que, na década de 1950, a comunicação de massa, com seus milhões de receptores para um reduzido contingente de emissores, vivia o início de seu apogeu. O crescimento da internet, nas décadas que se seguiram, alterou as proporções entre emissores e receptores, e, ao menos virtualmente, descentralizou o controle sobre emissão de opiniões. Mas há algo de fundamental na descrição de Mills que ainda permanece verdadeiro: ainda há o controle "de autoridades" não sobre os canais de emissão mas sobre os "canais de ação" da democracia; a massa continua sem autonomia perante as instituições e ainda é "penetrada" pelos "agentes de instituições autorizadas". O problema, portanto, não está no campo da comunicação. Está no campo da própria organização da democracia: o público, na visão de Habermas, é desnaturado pela ação dos meios de comunicação de massa, mas não é a comunicação e sim a própria institucionalização da democracia que se transforma estruturalmente. Como efeito disso, há a neutralização da ação política do velho público que, antes, era o alicerce da opinião pública soberana e que, agora, já não goza da mesma autonomia perante o poder (econômico e estatal). Historicamente, a soberania do público teria deixado de existir.

Há um tom claramente pessimista na visão de Habermas — e tanto pessimismo já não se justifica. Em trabalhos mais recentes, como *Teoría de la acción comunicativa*, *Between facts and norms* e "L'espace public, 30 ans après",[17] ele mesmo cuida de atenuar seu pessimismo, localizando novas possibilidades para o diálogo das idéias em esferas menos cerceadas pelo poder (que ele prefere chamar de sistema e subsistemas). As ONGs, os avanços da cidadania nos países onde a social-democracia exerceu influência e os meios alternativos de comunicação teriam propiciado novos espaços — em oposição ao poder do Estado e ao poder do capital. O que permanece dessas críticas, no entanto, sejam elas pessimistas ou não, é a constatação de que se deu uma transformação histórica (e estrutural) das democracias e também das relações do público (e da opinião pública) com o poder. Alterou-se a esfera pública. A independência do público em relação ao poder não existe mais — ou, pelo menos, não existe mais nos mesmos termos em que sonhavam os primeiros democratas. Conseqüentemente, a imprensa, representante da opinião pública, já não tem seu alicerce apenas na cidadania — este também se deslocou para o mercado.

No início do século, Rui Barbosa afirmava que "a imprensa é a vista da nação".[18] Tinha fundamentos para isso. A nação, em seu modo de ver, era uma categoria que antecedia o Estado e o próprio poder do capital. Agora, esses conceitos já não se podem separar com tanta simplicidade: seus entrelaçamentos se tornaram mais complexos, e é mais difícil estabelecer a primazia de um sobre o outro. A natureza da comunicação na esfera pública também se modificou. O volume de capital dos meios de comunicação de massa dos anos 1950 e dos conglomerados da mídia dos anos 1990 é muito superior àquele necessário para a confecção de jornais de papel (mesmo em termos relativos, se o negócio da imprensa da época fosse comparado a outros setores da economia). O aumento do público em massa (que constitui a audiência vendável) também muda as regras do jogo.

O Estado como protetor da democracia

Contra isso, é bom lembrar, o próprio Estado se levantou

com o propósito de preservar as bases do jogo democrático. Nos Estados Unidos, a lei age na esfera econômica, se não para regular o mercado, ao menos para obstruir o estabelecimento de monopólios predatórios em vários setores do mercado, inclusive o da mídia, e para impedir a concentração de capital (e de mercado) nas mãos de um só grupo econômico. Solução um pouco diferente foi adotada nos países da Europa, onde se criaram sistemas públicos de rádio e televisão nos quais deveria prevalecer o interesse público sobre os critérios comerciais. Para preservar a diversidade no espaço público, o Estado precisou agir.

Hoje, as redes públicas da Europa encontram-se em declínio, e a FCC americana procura caminhos para tornar mais elásticos os limites que impõe às empresas de comunicação, mas o fato é que as democracias ainda tentam encontrar formas de controle sobre o poder da mídia, e isso só é assim porque o público já não é tão soberano como o iluminismo o imaginou. O público, entendido como uma categoria capaz de abrigar a opinião pública como expressão da cidadania, é muito mais frágil do que sonhavam os iluministas. Esperar que a opinião pública seja o termômetro do que é certo ou errado na imprensa e acreditar cegamente nos seus julgamentos são esperanças temerárias. O jornalismo, por definição, deve continuar a trabalhar para o público — e isso é bom. Mas não deve confundir o público-cidadão com o público articulado em torno das demandas de consumo.

Acima do mercado, o jornalismo deve trabalhar para a democracia. Seu compromisso não é mais com as preferências voláteis de um público transformado em feira de consumo, embora tenha vínculos de subordinação com os cidadãos, sujeitos de direitos, que aí se encontram. O compromisso do jornalismo, agora, deve ser um compromisso com a observância e o aperfeiçoamento das regras democráticas — e isso está acima dos humores do público.

De novo, a ética da profissão

Qual o significado prático disso? A resposta está na ética jornalística. Se a opinião pública já não se apresenta como fonte absoluta para dar os parâmetros do certo e do errado — pois, repetindo, tende a confundir popularidade com legitimidade e tende a sobrepor preferências de mercado a exigências de direitos —, é preciso que o jornalismo de qualidade encontre balizas mais eficazes para informá-lo e orientá-lo. Aí é que incide a ética jornalística. A propósito, é historicamente bastante compreensível que a preocupação ética tenha se manifestado de modo mais enfático por volta dos anos 1920, década em que a American Society of Newspaper Editors aprova seus Cânones do Jornalismo. É nessa época, justamente, que as injustiças da imprensa já se faziam sentir com mais clareza. É ali, também, que a indústria das comunicações ensaiava seus passos mais arrojados. O jornalismo era um negócio capitalista desde antes, sem dúvida, mas é na segunda metade do século XIX e, de modo mais acentuado, após o início do século XX, que ele vai deixando de ser apenas a expressão cívica da cidadania para se converter em empreendimento de mercado. A sua função democrática é que exige para ele uma ética.

O complemento do significado prático de dizer que, para a imprensa, o compromisso com a democracia está acima do compromisso com os humores do público é que muitas vezes a imprensa deve remar contra a opinião popular. Só assim ela pode servir de vigilante do poder. As sociedades precisam da imprensa como uma espécie de agente fiscalizador. Sociedades marcadas por abismos sociais, como a brasileira, precisam ainda mais. Nas grandes cidades, recrudescem sentimentos racistas. No Sul, por exemplo, esses sentimentos se voltam contra os imigrantes nordestinos. Insinua-se nas metrópoles uma contrafação cabocla do neonazismo austríaco, francês e alemão. Além disso, a violência urbana leva as pessoas a pedir linchamentos de malfeitores e a defender ações policiais que sumariamente assassinem os suspeitos de delinqüência. O papel do jornalismo não é fazer coro com essa mentalidade, mas o contrário: é combatê-la.

Aí se distingue o sensacionalismo, que acirra os preconceitos, da imprensa de qualidade. E isso é uma questão de sobrevivência. O que garante a liberdade de imprensa já não é a opinião pública transformada na multidão consumista, mas o regime democrático que, na sua base, garante a vida humana e o respeito às diferenças. Hoje, a fé na opinião pública não pode mais ser cultivada como um mito pelos jornalistas. Ela deve ser atualizada pela fé no aperfeiçoamento de mecanismos democráticos que garantam a pluralidade. Já não é aceitável o argumento dos que dizem oferecer aquilo que "o povo pede".

Paul Johnson não faz o mesmo raciocínio que aqui se apresentou. Mas, quando fala que o jornalismo deve ter disposição de educar, chama a atenção exatamente para isso. Educar, agora, não mais como queriam os *philosophes*, que iluminariam o povo com sua Razão e seu saber, mas educar como quer o projeto democrático. O jornalismo não pode se pretender acima desse projeto — e jamais pode estar fora dele.

2. O fantasma da manipulação

A compreensão da natureza industrial do jornalismo contemporâneo — o que torna crucial a elaboração e a observância de uma ética pública, clara e compreensível tanto para o jornalista como para o cidadão — ajuda a desfazer a falsa idéia que se criou em torno das possibilidades de manipulação da informação. Vamos a isso.

Que existe manipulação, existe. Ela nada mais é que a distorção deliberada da informação. Movidos por interesses escusos, há donos de meios de comunicação e funcionários da cúpula das empresas que patrocinam mentiras para atingir objetivos particulares. A manipulação agride o cidadão e deve ser combatida, como é óbvio. Mas a prática da manipulação não é o problema central, nem o maior, por mais estranho que pareça à maioria dos críticos da imprensa. Se a manipulação fosse realmente o fantasma poderoso que dizem ser, a sociedade seria apenas uma espécie de curral dominado por capatazes maquiavélicos. Se o mundo fosse mesmo assim, seria mais fácil entendê-lo. Mas não é: nem é assim, nem é tão fácil entendê-lo.

Enxergando conspirações em cada redação

O poder da manipulação vem sendo exacerbado tanto pelos críticos como pelos aproveitadores. Os primeiros enxergam acordos de cúpula secretos para dominar corações e mentes — expressão que lhes é muito cara — sem que os corações e mentes se dêem conta do que acontece à sua volta. Assumem então ares de espertos cuja missão na Terra é acordar seus semelhantes, que são bobos adormecidos. Prestam bons serviços quando desmontam tapeações reais — que acontecem com freqüência —, mas o seu método de abordagem costuma vir marcado por uma postura essencialmente autoritária, baseada na subestimação da inteligência alheia. Enganam-se. Há mais contradições nas páginas de um jornal do que jamais sonhou sua chã filosofia. Já os aproveitadores querem tirar vantagem da possibilidade de manipulação: acreditam que podem enganar ininterruptamente os cidadãos com suas mentiras recorrentes.

O fantasma da manipulação não é assim tão poderoso. Se fosse, o movimento pelas diretas, em 1984, não teria adquirido as proporções que adquiriu. Ele ganhou corpo a despeito das omissões que os telejornais lhe dedicavam. E Luis Inácio Lula da Silva, candidato à Presidência da República pelo Partido dos Trabalhadores nas três últimas eleições, não teria chegado ao segundo turno em 1989. Ele quase se elegeu, mesmo tendo contra si uma saraivada de falsificações. O apoio que o sustentava não se dobrou inteiramente aos manipuladores — o que indica que a sociedade não é apenas um curral manietado. Os donos dos meios de comunicação, sobretudo no Brasil, comandam um poder praticamente sem controle, mas não podem tudo. Há outros processos, além da televisão, do rádio, dos jornais e das revistas, pelos quais os cidadãos se articulam nas teias sociais, formando convencimentos e atuando no mundo. É graças a isso, por sinal, que há sentido em acreditar na democracia e também na ética da imprensa. Do contrário, seríamos todos bois — entre bobos e espertos.

De onde vem a idéia da manipulação

Não há aqui o objetivo de estabelecer uma genealogia do fantasma da manipulação. Mas, ao menos entre alguns críticos de esquerda, talvez se possa creditá-lo, em parte, a uma leitura empobrecida das teses da Escola de Frankfurt, principalmente dos textos dos filósofos alemães Theodor Adorno e Max Horkheimer, e de seus desdobramentos posteriores. Por certo, Paul Johnson, de perfil liberal, não finca raízes nesses pensadores, que eram de filiação marxista. E nem os aproveitadores — estes, em geral, não têm lustro intelectual nenhum. A referência que aqui se faz à Escola de Frankfurt — cujos postulados se tornaram conhecidos como a Teoria Crítica — se justifica portanto como uma tentativa de esclarecer os limites do conceito de manipulação.

Para muitos críticos, o maior problema da imprensa é este, a manipulação: não apenas aquela que é promovida diretamente pelos dirigentes dos meios de comunicação em prejuízo do público em geral, o que constitui um dos pecados listados por Johnson, mas também a manipulação exercida por uma classe ("dominante") contra outra classe ("dominada"). Esse entendimento, convertido num fantasma, ronda o debate sobre ética no jornalismo. Merece atenção à parte.

Pais do conceito de "indústria cultural", Adorno e Horkheimer assinam em dupla um conjunto de estudos que são a chave inaugural para a compreensão do que veio a ser definido como cultura de massa, *A dialética do esclarecimento*. Para os autores, a dominação de classes já não se dava apenas pelos instrumentos de repressão do Estado, mas pelo controle da ideologia. Num dos capítulos do livro, "A indústria cultural: o esclarecimento como mistificação das massas", eles afirmam:

> Os padrões [da indústria cultural] teriam resultado originariamente das necessidades dos consumidores: eis por que são aceitos sem resistência. De fato, o que o explica é o círculo da manipulação e da necessidade retroativa, no qual a unidade do sistema se torna cada vez mais coesa. O que não se diz é que o terreno no qual a técnica conquista seu poder sobre a sociedade é o poder que os economicamente mais fortes exercem sobre a sociedade.[19]

Com primazia, os dois teóricos descreveram os processos pelos quais a indústria cultural passou a produzir uma estética segundo normas próprias, na qual a arte não mais está destinada a revelar o que a realidade esconde, mas a esconder o modo como uma classe oprime a outra. Assim, ao contrário da arte, que antes sublimava, "a indústria cultural não sublima, mas reprime".[20]

A soberania popular, segundo o que demonstrou a Escola de Frankfurt, não é mais a mesma do século XVIII, quando representava a possibilidade de emancipação da tradição absolutista e semifeudal, acentuando a autonomia do indivíduo como um ser capaz de tomar decisões. Para Adorno e Horkheimer, não há mais autonomia a ser perseguida no conceito de soberania popular, pois, no público, já não é a iniciativa de emancipação que conta, e sim a obediência. "A indústria cultural acaba por colocar a imitação como algo absoluto", dizem eles.[21] O consumidor apenas imagina que é soberano, que é ele quem decide, e a indústria cultural vive de alimentar essa ilusão. Na verdade, porém, o consumidor não é o sujeito da indústria cultural: é somente o seu objeto. Se, em Marx, o modo de produção transforma o homem em mercadoria — força de trabalho —, ou seja, transforma-o num objeto, uma "coisa" de mercado, em Adorno e Horkheimer a indústria cultural reduz o indivíduo a objeto de uma lógica de dominação que ele não seria capaz de entender espontaneamente.

A sobrevida empobrecida do conceito de manipulação

Esse modelo acabou se prestando a um entendimento mecânico da sociedade, segundo o qual o mundo é governado pela permanente conspiração dos dominadores contra os dominados. O que, antes de tudo, é injusto para com a beleza e a força das idéias de Adorno e Horkheimer. A teoria da Escola de Frankfurt pode ter pontos ultrapassados — e certamente os tem —, mas é muito mais rica e complexa do que isso. Embora a análise de seus postulados não seja o tema deste livro, que trata apenas de ética na imprensa, não se deve deixar sem registro que os cultores contemporâneos do fantasma da manipulação não estão à altura do legado que por vezes reivindicam. Com alguns poucos rudimentos colhidos de modo assistemático na Teoria Crítica, eles na verdade reeditam pela esquerda as teses funcionalistas da comunicação, que nada têm de emancipadoras.

O que são as teses funcionalistas? Típicas da sociologia americana, elas operam na base do esquema emissor/veículo/receptor. Desse estranho hibridismo que mescla uma retórica inspirada em Frankfurt com o pensamento linear do funcionalismo, o que resultou foi um postulado simplório: 1) os donos dos meios de comunicação têm um projeto para a sociedade, projeto fundado na dominação de classes; 2) valem-se dos meios de comunicação para "incutir" meia dúzia de estereótipos na cabeça da multidão incauta; 3) a massa, objeto que é, assimila acriticamente aquilo que lhe despejam e passa a comportar-se de acordo com os desígnios lançados por seus dominadores. Supõe-se, assim, a existência de três esferas autônomas: os emissores (que formulam suas "mensagens" de forma premeditada e são plenamente "conscientes", não padecendo da letargia dos dominados), o veículo (que apenas transporta conteúdos, como um carteiro que carrega um envelope fechado) e os receptores (que, passivos, desempacotam as "mensagens", sendo "inconscientes" e incapazes de impor exigências aos emissores-dominadores). À luz dessa fórmula, a edição de tudo o que circula nos meios de comunicação seria produto de maquinações malévolas sob controle das "classes dominantes".

Ora, a descoberta mais inovadora da Escola de Frankfurt é justamente o caráter industrial da cultura, o que a retira do campo estrito das idéias, onde antes residia, e a insere no campo da economia e das relações de produção. A indústria cultural, mais que uma ferramenta de disseminação de ideários, é um negócio capitalista — de produção e de consumo. Isso significa que os conteúdos que nela se encontram são gerados não apenas como opiniões que buscam dominar a mentalidade geral tendo em vista finalidades políticas, mas principalmente como mercadorias. Os conteúdos existem antes para ser vendidos — mercadorias que são — e menos para doutrinar os incautos. Compõem não uma escola, mas um mercado, um mercado onde ocorrem crises de toda sorte e que não é passível de controles premeditados, seguros e absolutos — e isso mesmo quando se admite a existência dos monopólios da mídia.

É o que se lê na *Dialética do esclarecimento*, onde os autores afirmam que, para os "capitães da indústria cinematográfica", "sua ideologia é o negócio".[22] Adorno e Horkheimer deixam claro que a ideologia não é um sistema unidirecional que vai fechado do dominador para o dominado, mas é uma relação que também incorpora as demandas do dominado. O problema, para eles, não é portanto a manipulação premeditada, por mais que façam menção a ela. O problema é que essas demandas não realizam mais o ideal de emancipação — um ideal fundador dos sonhos iluministas —, mas aprofundam a dominação.

Os autores enfatizam que "*o consumidor torna-se a ideologia* da indústria da diversão".[23] Ou seja, sua ideologia não é o conjunto de ideários das "classes dominantes", nem seus valores, nem sua etiqueta, mas a condição de consumidor de que a indústria cultural reveste o homem comum; não é o homem comum, em si, mas o consumidor que nele se implanta. O problema todo, enfim, é que o consumidor convertido em nova ideologia é a negação reiterada da antiga ideologia de emancipação pela soberania popular. Antes, o sonho iluminista fazia crer que o povo soberano construiria o caminho de liberdade, sepultando as tiranias. Com a Escola de Frankfurt, percebe-se que o consumidor da indústria cultural não tem mais qualquer perspectiva de emancipação. No limite, a indústria cultural não é aquilo de que a cidadania precisa — mas é aquilo que o consumidor deseja (sem saber que deseja e por que deseja).

Além do fantasma

Desde a Escola de Frankfurt, as teorias da comunicação já caminharam bastante. Assimilaram conceitos da teoria psicanalítica para descrever os meandros do desejo, e, pelos chamados estudos culturais, investigaram as práticas e as vivências comunitárias para localizar ali os elementos de formação da vontade e da opinião. Da Teoria Crítica, no entanto, ficaram formulações que se situam muito acima das noções primárias da manipulação.

Na mídia contemporânea, o que fala com muita força é a lógica do desejo voltada para o consumo. O que hoje prevalece é muito menos o que pretendem os proprietários "dominantes" (embora esse retrato esteja ali) e muito mais a expressão de demandas de consumo. A mídia em geral e o jornalismo em particular são moldados por essas demandas. Muitas vezes, supõe-se que o jornalista é um serviçal da "classe dominante" e que escreve o que o patrão lhe pede. Não é assim que funciona. O jornalista, se for um serviçal, é antes o criado dos desejos de consumo; ele encarna mais os desejos do consumidor que os estratagemas do patrão. Nessa perspectiva, o que é notícia? Notícia é aquilo que vende jornal. Aí é que está a cilada.

A percepção das inclinações de mercado — do mercado de notícias — torna-se um ingrediente indispensável do cardápio de talentos a ser preenchido pelos profissionais de imprensa. E das equipes nas redações. É isso que impulsiona o dia-a-dia do jornalismo acima das teses patronais premeditadas. É verdade que os donos de jornal convocam reuniões para escrever os editoriais que merecerão maior destaque, mas, fora isso, e acima disso, a imensa maioria das informações que diariamente são despejadas pelos órgãos de imprensa para o consumo do público passa por processos impessoais — industriais — de confecção e acabamento editorial cuja medida é o consumo. Nesse quadro, o que impressiona não é o fato de haver manipulações intencionais, mas o fato de que, mesmo quando elas não ocorrem, o conteúdo médio da imprensa mundial mantém uma profunda coerência com valores hegemônicos e, mais que isso, com um discurso dominante. A vigilância cerrada para que tudo seja tão compacto não é exercida pelos patrões, mas pelo próprio público refeito em mercado.

Em *Sobre a televisão*, o sociólogo francês Pierre Bourdieu constata que a concorrência entre as emissoras de televisão na França, em lugar de produzir diversidade, gerou uma indistinção entre as programações.[24] Ele tem razão: o mercado tem levado os veículos mais a se copiarem do que a se diferenciarem. Também as marcas de calçados esportivos e de automóveis apresentam produtos cada vez mais numerosos, mas, paradoxalmente, cada vez mais parecidos. Como decidir entre um e outro, se são tão equivalentes?

Há dois séculos, quando o modelo do jornalismo era o da imprensa de opinião, ou seja, quando os jornais nasciam para interferir na esfera pública segundo uma visão programática particular, havia tantos títulos quantas eram as correntes que disputavam politicamente a influência na sociedade. Agora, engolidos pelos conglomerados da mídia, os modelos jornalísticos de sucesso se tornam cada vez mais parecidos ideologicamente, ainda que muito numerosos e repletos de diferenciações de estilo. São homogeneizados pelo mercado.

O jornalista francês Serge Halimi, do *Le Monde Diplomatique*, faz referência a isso no seu livro *Os novos cães de guarda*.[25] Para ele, a imprensa vem ecoando uma só cartilha, com poucas variações. "Será que ainda é possível ser jornalista sentindo pelo neoliberalismo um desagrado qualquer?", pergunta ele, para logo a seguir reproduzir a resposta que mais escuta: "Não é o pensamento que é único, mas a realidade que se tornou única". Halimi constrói sua tese sobre "os novos cães de guarda" com base na conduta de jornalistas — e não de patrões — que, ocupando os cargos de mando na imprensa francesa, articulam-se numa espécie de confraria e se apressam a zelar pelos interesses de seus empregadores promovendo uma adequação entre esses interesses e as demandas de mercado. O resultado é a opacidade e o imobilismo. Nada se explica (ou explica-se o mínimo necessário) e nada muda. Diferentemente do que Halimi acaba sugerindo, no entanto, "os novos cães de guarda" não têm a capacidade de fabricar a face da imprensa, mas eles também são resultado de relações de mercado. Também eles são mercadorias (de luxo) no mercado de trabalho.

Para que não restem mal-entendidos, vale repetir: a manipulação acontece e precisa ser combatida. Há manchetes maliciosas, enfoques tendenciosos, além das omissões deliberadas. Mas, além da manipulação, há um processo industrial que promove a identificação entre editores e consumidores sob a égide de mecanismos de mercado que automatizam os efeitos ideológicos da imprensa. Ao contrário do que supõem as teorias da conspiração permanente, esses efeitos se produzem sem a necessidade de interferências diretas de supostos agentes das classes dominantes infiltrados nas redações e sem que os jornalistas precisem se investir do papel de agentes do patronato. Basta que sejam agentes do mercado. A ideologia é o negócio, como diriam Adorno e Horkheimer — e, hoje, o negócio produz a nova ideologia. De tal forma que, perseguindo as demandas de consumo de seus públicos, os próprios jornalistas se tornam os promotores (os intelectuais orgânicos cibernéticos) não mais dos interesses dos patrões, tampouco do público entendido como opinião pública, mas da ideologia desse negócio, que é a ideologia que idolatra o consumidor.

Um outro patamar para a ética

Aí, num outro nível, a ética existe para proteger o jornalismo — e a condição de cidadão que, no homem comum, vem sendo sobrepujada pela condição de consumidor. A ética deve cuidar de orientar o jornalismo a atender o consumidor de forma crítica, sem se restringir às demandas do mercado. Ela certamente condena qualquer tentativa de manipular informações, mas não pára aí. Procura estabelecer um norte para que, no afã de servir ao consumidor, o jornalista não se desvie de sua função social. A ética ajuda o jornalista a se afastar da idolatria do consumo, e o convida ao atendimento das exigências de diversidade e pluralidade que a democracia impõe.

Quando cai na idolatria do consumo, dos modismos e das mentalidades em voga, o jornalista, mesmo sem manipular deliberadamente coisa alguma, está repetindo chavões e, com eles, contribuindo para o empobrecimento da visão crítica do cidadão. Não que ele, mero jornalista, tenha algo a ensinar a quem quer que seja. Só o que acontece é que dele, profissional de imprensa, depende funcionalmente a tarefa de fornecer informações ao público, e, se ele não souber ser crítico, processará informações de baixa qualidade. Cabe a ele saber dirigir-se aos cidadãos como sujeitos de direitos, e não apenas como platéia consumista, objeto fabricado pela indústria cultural. A ética da imprensa pode contribuir para elevar o jornalismo à altura de sua função crítica contemporânea.

3. A indistinção entre meios de comunicação e imprensa

Por fim, um esclarecimento demarcatório. Tanto os pecados como os mandamentos arrolados por Paul Johnson deixam uma fronteira indefinida entre o que seria uma ética para os meios de comunicação em geral e o que seria uma ética para o jornalismo. As duas são próximas, mas a segunda tem suas particularidades. Uma e outra visam resguardar a diversidade, a pluralidade, o regime de concorrência entre as empresas e o respeito aos padrões morais da sociedade. Para isso os alertas de Paul Johnson são bastante úteis. É mesmo pertinente que se analisem os meios de comunicação com base em preceitos éticos próprios do jornalismo. Mas há distinções.

Os meios de comunicação podem se dedicar exclusivamente ao entretenimento; a imprensa não: ela deve noticiar e interpretar os fatos, assim como dar espaço às idéias e aos debates de interesse público. Os primeiros — os meios de comunicação, genericamente — lidam com divertimentos de todo tipo e também com obras de ficção, que não têm compromisso algum com a objetividade; já a imprensa trabalha sobretudo com fatos e idéias. Por isso, quando os jornais publicam um conto, fazem-no em caráter excepcional; as caricaturas ou cartuns, cuja função é "comentar" os fatos, bem como os textos humorísticos e as crônicas, têm lugares claramente delimitados — tudo para impedir qualquer confusão. E é aqui que se funda a particularidade do jornalismo em relação aos meios de comunicação em geral: ele lida com a verdade factual e deve promover a busca da verdade de forma equilibrada e crítica, enquanto os meios de comunicação prestam-se a qualquer tipo de conteúdo.

Daí resultam éticas diferentes. Ao apurar um acontecimento, o repórter tem o dever de procurar todos os lados envolvidos. Não se pode dizer o mesmo da propaganda, que tem presença maciça nos meios de comunicação e também nos órgãos de imprensa: o publicitário não pode mentir, por certo, mas a ele basta mostrar o argumento de venda de seu produto; ninguém espera de uma peça publicitária que ela traga opiniões críticas sobre a mercadoria em questão. Da mesma forma, não se pode exigir ética jornalística dos autores e dos elencos das telenovelas — cuja matéria-prima é a ficção. A ética jornalística também não serve de parâmetro para os programas de auditório, ou para as revistas não jornalísticas voltadas para o simples divertimento dos leitores.

A ética da imprensa é específica e assim deve ser, para benefício do público. Ela traduz um pacto, também específico, entre o leitor (ou o telespectador, ou o ouvinte, ou o internauta) e o jornalista, um pacto baseado na credibilidade — e não na diversão ou no entretenimento. É graças a esse pacto específico e à ética que ele encerra que a função social de informar pode se proteger como uma atividade digna da confiança pública. Esta não pode ser abalada por outras atividades da comunicação. Ao contrário, precisa ser cultivada, cultuada e protegida. Os meios de comunicação, mesmo aqueles veículos que não se dedicam ao jornalismo, não têm o direito de sabotar esse pacto — embora às vezes o façam, vendendo como verdade factual o que não passa de circo dos horrores (caso do sensacionalismo), ou o que é mera promoção de celebridades (caso das revistas de fofocas). Se os jornalistas devem "respeitar e honrar as palavras", os meios de comunicação devem respeitar e honrar o jornalismo, não usando seu nome em vão.

É o direito de acesso à informação (e à cultura) que justifica democraticamente a livre existência de toda forma de comunicação social. Quando a confiança na informação jornalística é prejudicada pelo barateamento do jornalismo, a pretexto de encobrir sob o timbre de "reportagem" atrações puramente apelativas, todos saem perdendo; uma instituição social está se enfraquecendo. Por isso, faz sentido que se considere a ética dos meios de comunicação pelo ângulo da ética da imprensa. Vista desse ângulo, a comunicação social como um todo é beneficiária do princípio da liberdade de imprensa e deve portar-se à altura dessa sua condição.

5

O ESPETÁCULO NÃO PODE PARAR

Quando uma superprodução cinematográfica estréia no circuito comercial de qualquer país do mundo, o comportamento da imprensa é quase sempre igual. Capas de revistas, páginas inteiras de jornal, programas de rádio e televisão e sites na internet falam do filme como um megaevento cultural. Atores e diretores são (de novo) biografados como se seu passado contivesse revelações de alta relevância pública. Em entrevistas, despejam declarações ocas sobre a audiência. Dizem que amadureceram graças aos dramas existenciais de seus personagens, que aprenderam muito sobre as artes dramáticas ao contracenar com seus colegas de elenco, que gostam de conviver com a natureza, que são felizes no matrimônio, que são contra o preconceito racial e que estão seriamente preocupados com a extinção do urso panda. Boa parte de tudo o que é dito pela imprensa já vem mastigado nos folhetos (os press-releases) distribuídos pelos estúdios aos jornalistas. As fotos também são produzidas pelos estúdios, são press-releases visuais. Em regra, não há propriamente reportagem no que é publicado — há apenas reprodução, às vezes mais inventiva, às vezes menos, do material de divulgação. Por isso, tudo é tão igual.

Os estúdios investem pesado em suas boas relações com os veículos jornalísticos. Antes do lançamento do filme, nos Estados Unidos, é comum que críticos e repórteres, primeiro os da imprensa "doméstica" e, em seguida, os correspondentes estrangeiros, sejam convidados para os famosos *junkets* (passeios com tudo pago). Os jornais americanos, que têm normas proibindo seus repórteres de aceitarem viagens pagas, costumam abrir exceção para os que cobrem a indústria cinematográfica. De forma que todos os convidados aceitam de bom grado a incumbência de passar dois ou três dias em um hotel aprazível, onde vêem a fita e depois entrevistam atores, atrizes, adestradores, animadores, maquiadores, diretores e produtores. As fotos de cada um já vêm prontas. Para os repórteres de televisão, há até mesmo o conforto de uma câmera de vídeo instalada numa sala já devidamente preparada para gravação de entrevistas, com décor aconchegante e flores frescas sobre mesinhas. Cada um tem lá seus dez minutos para fazer perguntas — "Como foi a emoção de contracenar com Robert de Niro?" —, e depois levam uma fita para a sua emissora. É a reportagem prêt-à-porter. Ou será propaganda?

Tecnicamente, não é propaganda. A propaganda é aquilo que se publica mediante o pagamento do espaço ocupado pela mensagem, e, na cobertura dos lançamentos de filmes, não há pagamento algum. Outra diferença técnica é que o conteúdo da propaganda é preparado integralmente fora das redações, e, em se tratando da cobertura dos filmes em cartaz, ao menos a redação final do que é publicado fica sob a responsabilidade dos jornalistas. Não se trata de propaganda, portanto. Os estúdios apenas facilitam o trabalho da imprensa, oferecendo fotos, resumos e agendando entrevistas. Mas, sob o impacto de tão acachapantes coberturas, o público tem o direito de se perguntar: mas não é mesmo propaganda? A dúvida procede e tem explicações na forma como esse tipo de cobertura é conduzido pelos estúdios. Ao "facilitar o trabalho" da imprensa, eles direcionam a pauta e até mesmo estipulam o que pode (e o que não pode) ser perguntado às estrelas. Questionamentos sobre a intimidade não são bem-vindos e, com freqüência cada vez maior, são vetados. Temas que não tenham relação direta com o enredo do filme também são mal recebidos.

Tudo é preparado com um tal engenho que, no fim, o que

é publicado, com um juízo favorável ou desfavorável ao filme, não importa, situa-se dentro de um espectro que interessa aos estúdios. Seu produto e seus astros se tornam assunto da mídia. É o que eles querem. É verdade que, atendendo ao chamado dos estúdios, a imprensa cumpre o seu dever. Cabe a ela dar informações sobre os programas que se oferecem ao lazer do público, mas, sem que os jornalistas se dêem conta, ao embarcar nesse tipo de lógica acabam ajudando a convidar as pessoas a irem ao cinema e, depois, a alugarem uma fita de vídeo. Quase sempre, o efeito final é, sim, propagandístico.

O JORNALISMO COMO PROLONGAMENTO DO ESPETÁCULO

E como poderia ser diferente? O filme é de interesse do público, não é? Os fãs querem saber cada detalhe da nova superprodução estrelada pelo seu astro favorito, não querem? A resposta é sim. Se não derem no mínimo a cobertura esperada pela platéia, os órgãos de imprensa estarão desservindo seus leitores, telespectadores, ouvintes e internautas. Estes, legitimamente, irão buscar o que querem saber em outros veículos. Não há muito que a imprensa possa fazer sobre isso, a não ser procurar melhorar a cobertura, tentar não se contentar com os press-releases, buscar uma abordagem mais crítica e mais abrangente. Mas é possível ir além disso — e às vezes se consegue ir. A imprensa pode, com mais assiduidade, alertar o público para o funcionamento dos *junkets* e explicar como é que os estúdios operam na divulgação de seus produtos. Além de dar informações sobre o lançamento, ela pode contar como funcionam as estratégias de divulgação — que interessam, sim, ao público. Muito mais que isso, a imprensa sozinha não pode fazer.

O que se passa com o lançamento de filmes, no entanto, é apenas um exemplo de um sistema bem maior. A lógica desencadeada pelos estúdios é uma lógica superior à das redações: é a lógica do espetáculo, um festival de imagens onde se fundem publicidade e informação, uma lógica que acaba englobando o jornalismo — de preferência, a seu serviço. Entre os estúdios e os espectadores, a imprensa é apenas uma passagem, e não é a única. O cinema, repita-se, é só um exemplo para que se tenha a dimensão de como o espaço público se encontra alterado pelo espetáculo. Expandido pelos meios de comunicação de massa em meados do século XX, o espaço público atualmente foi retransformado pela indústria do entretenimento, que já não opera no interior dos meios de comunicação, mas os instrumentaliza de fora para dentro. Isso reduziu a área de influência da imprensa em termos relativos, ou seja, o jornalismo já não contém em si todas as formas de comunicação social como continha há dois séculos, quando vigorava o modelo da imprensa de opinião; hoje, a comunicação social é mais ampla, mais ampla que o jornalismo e mais ampla que os próprios meios de comunicação.

Além da indústria cinematográfica, a indústria dos video games, a da música e o próprio mercado de livros funcionam nas mesmas bases. Por meio de suas assessorias de imprensa, que já se organizam como novas indústrias à parte, essas indústrias pré-configuram o universo de dados que será depois trabalhado pelos jornalistas. Assim também operam as divulgações dos campeonatos esportivos. É hábito, hoje, que emissoras de televisão se associem a campeonatos de futebol e de Fórmula 1, entre outros, e se tornem co-promotoras desses eventos. Elas não fazem mais a cobertura dos fatos, mas, comprando a exclusividade de transmissão, transformam seus locutores em animadores dos eventos. A indústria do turismo, com seus circuitos, seus cruzeiros, suas redes de hotéis, restaurantes e casas noturnas, opera do mesmo modo. Tudo isso redimensionou (reduzindo, em termos relativos) o lugar ocupado pela imprensa na confecção dos conteúdos informativos que serão postos depois ao acesso do público.

O que não se resume aos campos do lazer e do divertimento. A cidadania, ela mesma, torna-se um ingrediente na lógica do espetáculo. Órgãos públicos de diversas naturezas recorrem a assessorias de imprensa, pois, sem elas, não conseguiriam visibilidade no espaço público. Mais ainda: além das técnicas de assessoria, os recursos da linguagem publicitária são empregados em escala e em cifras gigantescas para estabelecer um contato direto com o público habituado à linguagem do consumo. É assim que se comunicam também os partidos políticos. A publicidade é hoje corriqueira, e dominante, na comunicação que antes era estritamente política. É com os instrumentos do marketing publicitário que os partidos fazem chegar suas mensagens aos eleitores. Pesquisas de mercado e pesquisas de opinião, tal qual foram concebidas pelo marketing voltado para o consumo, tornaram-se decisivas nas disputas eleitorais.

Entre os muitos estudiosos que já se aperceberam do fenômeno está o sociólogo francês Alain Touraine. Em "Comunicación política y crisis de la representatividad", ele constata: "Direita e esquerda parecem fazer esforços análogos para reduzir ao mínimo seus programas e para recolocá-los [...] por meio de uma detalhada pesquisa política de mercado, e em especial por reunir a maior quantidade possível de consumidores com temas que proporcionem tranqüilidade". E conclui: "O que desaparece de maneira acelerada é essa autonomia do discurso político".[1]

Na sociedade contemporânea, é como consumidor que o cidadão se assenhora das informações que lhe dirão como votar. Numa certa perspectiva, é possível dizer que ele já não se engaja politicamente nas causas partidárias, mas "consome" propostas administrativas — "compra-as" com o seu voto — como quem escolhe o melhor pacote turístico. O livre debate das idéias políticas, que para Robespierre só era possível mediante a liberdade de imprensa — leia-se: a liberdade do jornalismo de opinião —, passa muito bem hoje por fora da comunicação mediada pelo jornalismo: passa pela publicidade e pelo marketing.

Em *Consumidores e cidadãos — Conflitos multiculturais da globalização*, o professor Nestor García Canclini, da Universidad Autónoma Metropolitana Unidad Iztapalapa, no México, faz um registro difícil de contestar: "Homens e mulheres percebem que muitas das perguntas próprias dos cidadãos — a que lugar pertenço e que direitos isso me dá, como posso me informar, quem representa meus interesses — recebem suas respostas mais através do consumo privado de bens e dos meios de comunicação de massa do que das regras abstratas da democracia ou pela participação coletiva em espaços públicos".[2]

Além de mediar as relações sociais, o consumo transforma direitos fundamentais como educação e saúde em mercadorias de uma cidadania, por assim dizer, privatizada. Os planos da rede pública de hospitais são oferecidos aos eleitores pela televisão em campanhas eleitorais como se fossem ilhas paradisíacas em meio à miséria, com salas cirúrgicas ultra-iluminadas e helicópteros lustrosos cruzando os céus da metrópole. São objetos do desejo nas inserções de publicidade, perfeitamente análogos aos anúncios de planos privados de seguro médico. O mesmo ocorre com as escolas públicas: até elas são vendidas como imagem nos filmes promocionais dos governos.

Mesmo os eventos mais fundamentais da democracia, de uma escolha de prefeitos ao processo de impeachment de um presidente, adquirem visibilidade à medida que se convertam em shows na mídia. As eleições despertam coberturas espetaculares, como se fossem cerimônias de abertura de jogos olímpicos. Os jornalistas não estão fora disso. Ao contrário, quase sempre trabalham para promover a aproximação entre o público e o show: eles mesmos são animadores do show. Qualquer que seja o assunto. Na área da ciência, por exemplo. A NASA, hoje, parece muito mais uma agência de marketing e de propaganda do que uma agência científica. Em suas instalações na Flórida, ela recebe a platéia para projeções de filmes repletos de efeitos especiais, e vende livros e vídeos que glorificam a conquista espacial. Ela depende de ser popular, pois, pela popularidade, adquire a visibilidade e também a legitimidade necessária para pleitear mais financiamentos para seus projetos intergalácticos. Os repórteres, cobrindo os feitos da NASA, vêem-se enredados por um contagioso clima grandiloqüente. Assim também agem os laboratórios farmacêuticos, a indústria automobilística — que convida os repórteres para lançamentos de modelos em paragens deslumbrantes —, a indústria da moda e a da decoração. Assim é o mundo contemporâneo. Tudo, da política aos medicamentos, do turismo aos planos de saúde, converge para o espetáculo. Os conteúdos informativos já não são gerados pelas redações.

AS QUATRO IDADES DA IMPRENSA

Longe do jornalismo de opinião e do século das luzes, a comunicação social vive hoje num outro estágio. Bernard Miège, professor de teoria da comunicação da Université Stendhal de Grenoble, na França, sugere uma demarcação para as transformações que ocorreram. Num breve ensaio intitulado "Espaço público: perpetuado, ampliado e fragmentado", ele divisa quatro estágios.[3] O primeiro foi o da imprensa de opinião, marcada pela presença literária e pelo estilo polêmico, nascida em meados do século XVIII. Depois, veio a imprensa comercial, a partir da metade do século XIX, já bastante vinculada à publicidade e ao atendimento das necessidades de consumo dos leitores. Esta não tinha mais o objetivo de influir politicamente, mas de atender as necessidades do público como consumidor, como cliente. No século XX surgem os meios audiovisuais de massa. Nasce aí o terceiro estágio, que alarga o espaço público e transforma o público de consumidores em massa.

Finalmente, por volta dos anos 1970, começa a se configurar o quarto estágio, que Miège define como a era das relações públicas generalizadas (ou comunicação generalizada). Aí, a mudança de modelo se dá porque a gestão da cultura não mais se encontra no interior dos chamados meios de comunicação; os Estados, as grandes e pequenas empresas e as instituições passam a se equipar para promover, por si mesmas, a organização dos conteúdos que, depois, terão a mídia como passagem para então se massificarem. Não que o jornalismo de opinião, a imprensa de massa e os meios de comunicação de massa tenham cessado de existir, mas todos agora existem dentro de um campo maior, no qual a hegemonia é exercida pelas relações públicas generalizadas.

Em 1989, o Sindicato dos Jornalistas de São Paulo computava uma cifra sintomática: 51% dos profissionais do estado trabalhavam em atividades catalogadas como "extra-redação" (principalmente nas assessorias de imprensa), e apenas 49% estavam contratados por veículos jornalísticos propriamente ditos. De lá para cá houve flutuações. Atualmente, estima-se que cerca de 31% dos jornalistas brasileiros trabalham em assessorias, mas esse é um contingente de difícil quantificação: muitos não trabalham com carteira assinada, há aqueles que constituíram microempresas, atuando como pessoas jurídicas prestadoras de serviços, e nem todos são jornalistas diplomados (universo a que se restringem as estimativas dos sindicatos). Os números, portanto, não devem ser tomados como informações absolutas e não são apresentados aqui como medições exatas. O que interessa é sua ordem de grandeza e o que eles indicam como tendência. Os departamentos de relações públicas e as assessorias de imprensa (próprias ou terceirizadas) vão a cada dia assumindo mais o papel de interlocutores oficiais e oficiosos dos jornalistas. E cada vez mais a informação passa por um processamento prévio antes de entrar nas redações.

Isso significa que o jornalismo e, de um modo mais amplo, os que gerenciam os conteúdos nos meios de comunicação já não detêm controle integral sobre as informações. Assim como as fotos dos filmes que estréiam na semana não são tiradas por repórteres fotográficos, mas são produzidas internamente nos estúdios, uma série de informações, visuais ou escritas, já vêm prontas de fora. São transformações radicais que representam novos desafios para a técnica do jornalismo — e também para a sua ética. O maior deles talvez seja o da especialização aliado ao do preparo crítico.

Exceções à parte, a maioria dos jornalistas não mais domina os conhecimentos necessários para questionar, em pé de igualdade, e com rapidez, o funcionamento de um novo sistema de rastreamento por satélite das áreas consumidas por incêndios em florestas tropicais que acaba de ser divulgado por uma assessoria de imprensa, ou os procedimentos de uma pesquisa sobre a cura do câncer que é anunciada pelo departamento de relações públicas de um laboratório multinacional. O desenvolvimento científico não é mais público — ele foi privatizado nas grandes corporações, foi incorporado pela atividade econômica na condição de um fator estratégico para o lucro de longo prazo. Vale dizer: a ciência foi privatizada na sociedade contemporânea. As pesquisas de ponta já não são "segredos de Estado" como nos tempos da guerra fria; tornaram-se segredos industriais. Com isso, a própria interpretação da ciência, isto é, a sua tradução para o leigo, já não é totalmente realizada pelos jornalistas.

Na era do jornalismo de opinião, ou mesmo da imprensa comercial, as melhores redações possuíam, em seus quadros, jornalistas especializados que eram intelectuais de ponta, capazes de avaliar e julgar técnica e teoricamente cada um dos argumentos que ouviam dos governantes, dos empresários, dos líderes religiosos e dos cientistas. Agora, isso só é possível no interior dos conselhos editoriais de publicações ultra-especializadas, que não pertencem mais ao campo do jornalismo destinado ao grande público, mas ao campo das próprias áreas do conhecimento de que tratam. Na era das relações públicas generalizadas, o saber, além de ter sido privatizado, distanciou-se ainda mais das redações.

Não que a especialização tenha sido abandonada pelos veículos jornalísticos. Ela apenas está mudando de perfil. As grandes redações ainda contam com profissionais especializados em diferentes áreas, mas, mesmo esses, quando têm de checar um dado, precisam recorrer a ONGs, a universidades, a pesquisadores de institutos ou laboratórios privados. Esse modelo traz pelo menos uma vantagem: o jornalista especializado já não é o comentarista que sabe das coisas; é antes de tudo um bom repórter especializado, com boas fontes alternativas, que sabe, isto sim, a quem perguntar. Isso desmistifica na prática o jornalismo como fonte da verdade, e reforça a necessidade de investir no jornalismo como uma máquina de fazer reportagens. As redações não mais dispõem das bases de dados, dos conhecimentos básicos e da formação prévia para avaliar com segurança tudo aquilo que é notícia no espaço público.

A especialização do jornalista, portanto, precisa hoje ser vista em outras bases. É verdade que os jornais não são a fonte do saber. São, como sempre foram, apenas um canal. Para o jornal ser um canal devidamente autorizado e crível, desenvolveu-se a figura do especialista, que dispunha de um repertório adequado para noticiar com alguma profundidade assuntos específicos. Hoje, essa figura é igualmente necessária, mas o seu perfil precisa atender a um outro requisito: ela precisa ter um preparo crítico para não ser engolida pela lógica das relações públicas generalizadas e para não assumir como verdades factuais os pontos de vista pré-fabricados por elas. Mais uma vez, o preparo ético é indispensável para a performance técnica.

Ser independente da fonte é um desafio clássico e já bastante conhecido. Trata-se de não permitir que a proximidade necessária entre o repórter e sua fonte se transforme na cooptação do repórter pela fonte: sem notar, o primeiro começa a adotar os pontos de vista da segunda, começa a usar o seu linguajar e a desenvolver espontaneamente raciocínios que não são próprios nem do veículo em que ele trabalha nem do público ao qual ele se dirige, mas dela, fonte. Agora, na era do espetáculo — em que tudo o que precisa de visibilidade já vem empacotado para as redações como uma atração em si mesma —, o desafio não é mais de nível individual, mas sistêmico. A imprensa, tanto a especializada como a generalista, precisa saber como se distanciar das estratégias das assessorias, ou ficará no papel de ecoar as campanhas (propagandísticas, sim) que elas desencadeiam. A imprensa pode atuar como reserva crítica perante o espetáculo. E raramente se lembra disso. As assessorias e suas megaações de convencimento continuam invisíveis para o grande público, como se não fossem notícia. Fala-se de um novo remédio, mas não do que foi gasto em publicidade e em marketing para promovê-lo. Fala-se do efeito químico da nova droga, mas não dos bilhões de dólares que ele representa para o laboratório — como se isso não interessasse ao público.

O preço das novas maravilhas da medicina já traz embutido o que foi gasto para agradar os médicos e para promover apresentações de luxo para os jornalistas — e o público não sabe disso. A ação das relações públicas generalizadas continua invisível para o homem comum, e, no entanto, são elas que formatam o espetáculo que o envolve — com a ajuda da imprensa, que gosta de gabar-se de ter descoberto informações que, na verdade, não descobriu: assessores pagos para isso foram até ela e contaram. A verdade é constrangedora, mas o que acontece com o lançamento de um filme de Tom Cruise não é radicalmente diverso do que acontece com uma nova luta de Mike Tyson, com o anúncio de descoberta de um novo coquetel de drogas contra a AIDS, com a festa de lançamento de um novo portal na internet. As relações públicas generalizadas postam-se ao redor de todas as redações como uma imensa fortificação que, se as alimenta com relatórios, press-releases, imagens de todo tipo, oportunidades de entrevistas exclusivas com celebridades, e até mesmo furos (as assessorias distribuem as notícias de mais impacto com exclusividade para os veículos mais importantes), no limite obstrui a relação direta entre a reportagem e a realidade. A propósito: onde é mesmo que ficou a realidade? Talvez logo ali adiante, detrás da profusão das imagens, às vezes sedutoras, às vezes chocantes, produzidas pelo espetáculo.

Em cada redação, o investimento em recursos humanos, isto é, o investimento na formação contínua de seus quadros, é fator decisivo para garantir a qualidade da informação. A formação ética estimula o crescimento de profissionais críticos — e ser crítico não significa ter um olhar canhestro sobre o mundo, mas ter um olhar fundamentado, atualizado e independente sobre a área de sua cobertura. Isso, claro, vai se somar ao talento e à intuição que constituem a melhor vocação jornalística, mas só talento e só especialização já não bastam. Quando as informações chegam ao jornalista por meio de assessorias cada vez mais equipadas e poderosas, o que lhe resta fazer? Reescrever releases? Ou então, na tentativa de adotar uma independência aparente, reescrever releases inserindo aqui e ali uma adjetivação mal-educada? Reeditar vídeos distribuídos por laboratórios para preparar uma matéria de medicina do telejornal das oito?

A prática jornalística nunca dependeu tanto da reflexão e do estudo como agora. Uma redação não é um balcão onde notícias são empacotadas. Uma redação é um núcleo encarregado de pensar. Ela é tanto melhor quanto melhor for a sua capacidade de elaboração coletiva. A qualidade do que ela apura, escreve, narra, edita, fotografa e desenha é conseqüência do modo como ela pensa — ou do modo como ela *não* pensa. Jornalistas não são "mineradores" de informação exclusiva que ocasionalmente são instados a pensar, mas precisam ser pensadores com grande capacidade executiva. O jornalismo é uma atividade intelectual — ou é inconseqüente e tolo.

Numa época em que se tornou lugar-comum dizer que o conhecimento é o segredo de todas as atividades, chega a ser chocante constatar que a maioria dos jornalistas praticamente não estuda. Ao contrário, dão mostras de um sentimento antiacadêmico e antiintelectual quase sem precedentes. Nenhum deles levaria o filho a um dentista que se orgulhasse de não cursar pós-graduação. Nenhum deles iria se tratar com um cardiologista que não freqüentasse os congressos internacionais de sua área, de preferência apresentando trabalhos. Nenhum contrataria como advogado um curioso inculto; dariam preferência aos que fossem professores titulares de alguma universidade. E, mesmo assim, consideram normal que o público seja informado por profissionais que, na média, pouco lêem e não estudam. Que não estudam sequer o que se passa com a comunicação e com o espaço público nas democracias atuais. A persistir nessa toada, a mentalidade média das redações continuará a reproduzir o espetáculo.

O reexame dessa postura é urgente. O jornalismo pode ter perdido parte de sua hegemonia no espaço público, mas não perdeu sua essencialidade. Para valorizá-la e reforçá-la, a formação crítica permanente nunca foi tão decisiva. Tanto para os órgãos de imprensa, como para os profissionais e para o público. A formação crítica permanente não é outra coisa senão a formação ética. Mas a formação ética, atualmente, precisa contemplar não apenas os preceitos clássicos — como o da busca da verdade, o do respeito à privacidade, o da independência em relação aos governos e aos anunciantes —, mas também os temas incômodos, como o do entretenimento, o dos conglomerados da mídia e o do espetáculo. Julgar que os conhecimentos éticos tradicionais estão automaticamente assegurados pela prática do dia-a-dia e que são suficientes para as coberturas contemporâneas é tão anacrônico quanto acreditar que os cuidados que um pistoleiro do Velho Oeste dispensava ao seu Colt 45 são suficientes para que os generais da OTAN tomem conta de seus mísseis nucleares. O jornalismo dentro do espetáculo não é a mesma coisa que o jornalismo produzido pelo ideal da opinião pública, assim como a guerra não é mais a mesma. Se ele não tem consciência do ambiente social e cultural em que foi inserido pela História, converte-se em presa fácil da estratégia de comunicação das relações públicas generalizadas — cujos profissionais, por sinal, estudam, e muito.

O espetáculo é um estado irrevogável da cultura. Com a supremacia das imagens ao vivo na comunicação social, abriu-se como uma nova era na sociedade global. Antes mesmo de o termo *globalização* entrar para o vocabulário da moda, o francês Guy Debord via nele um estágio superior do capitalismo. Um ano antes das grandes manifestações estudantis de maio de 1968 na França, publicou seu livro *A sociedade do espetáculo*, que logo se tornou inspirador dos movimentos de contestação na Europa. Debord, um filósofo visionário que jamais chegou perto de qualquer carreira acadêmica, dando preferência à militância de extrema esquerda, matou-se em 1994, aos 62 anos. Tornou-se um ícone antiestablishment. "O espetáculo não é um conjunto de imagens", escreve ele, "mas uma relação social entre pessoas, mediada por imagens."[4] Indo mais longe, Debord diz que "o espetáculo é o *capital* em tal grau de acumulação que se torna imagem".[5] Naturalmente, suas teses são discutíveis — e dirimir as discussões possíveis que elas admitem não está entre as pretensões deste livro —, mas o fato é que o espetáculo é uma forma de organização da cultura e das comunicações que se impõe por si mesma. Mais que isso, é uma premência posta pela platéia. No espetáculo, tudo se destina ao prazer, até mesmo as notícias.

Se, para os gregos e para os iluministas, assim como para Jeremy Bentham, o fundador da filosofia utilitarista, a felicidade era uma meta e, ao mesmo tempo, um direito, no espetáculo a felicidade vira uma compulsão. Se, na Declaração de Independência dos Estados Unidos, de 1776, a busca da felicidade aparece como um direito inalienável dos homens, ao lado da vida e da liberdade, no espetáculo, a felicidade é uma obrigação, é compulsória. Por isso, ele já não pode parar. Cabe à imprensa encontrar os meios para compreendê-lo, para informar o público sobre os mecanismos pelos quais ele reconfigura a realidade e, principalmente, para não se conformar à função de linha auxiliar das relações públicas generalizadas.

Conclusão
PROPOSTAS QUE NÃO SÃO CONSELHOS

O que é que pode ser feito, afinal, para melhorar a imprensa?

Do ponto de vista ético, a resposta a essa pergunta passa por uma palavra: educação. Não mais a educação das boas maneiras, mas a educação para a cidadania. Para os militantes do ceticismo, a frase soa oca. Mas é o único meio. É preciso formar os jornalistas, é preciso envolver o público no debate, e é preciso investir na construção de uma mentalidade social que prestigie e cobre excelência da imprensa. Por fim, é preciso assegurar um regime democrático que seja capaz de garantir, em nome do direito à informação e da liberdade de expressão, a pluralidade e a diversidade dos meios informativos que atuam no espaço público. Sem pretender dar conselhos a quem quer que seja, este livro assume o risco de lançar pequenas sugestões.

NA UNIVERSIDADE

Comecemos pela formação dos jornalistas. Tanto as faculdades como as redações, tanto as empresas como os sindicatos e associações profissionais ou empresariais, têm o dever de cultivar a noção de que o jornalismo, acima de tudo, é uma ética. Não é uma técnica fria, mas uma relação de credibilidade pela qual os profissionais são autorizados a informar o cidadão de forma equilibrada, voltada para a verdade dos fatos. Nas escolas, isso se traduz por currículos que contemplem não apenas a existência de uma disciplina sobre ética, mas o compromisso ético como fundamento de cada uma das disciplinas.

No campo do jornalismo, a universidade não existe para entregar ao mercado profissionais treinados — esse é o engano mais freqüente sobre o papel da universidade. As empresas de comunicação não apenas adotam cursos para os iniciantes, com o objetivo de familiarizá-los com as técnicas próprias de seu ramo de atividade, mas também complementam a formação dos novatos que ingressam no ofício. É nas redações que a profissão é de fato aprendida. A universidade, por mais que tenha em vista o mercado de trabalho, tem sua vocação mais funda no cultivo da reflexão — e da reflexão independente do mercado. Ela *pensa* a sociedade. Sua melhor contribuição está em formar profissionais não tecnicamente prontos, mas críticos, capazes de pensar por si mesmos (o que Cláudio Abramo chamava de "autonomia conceitual"). Isso, o mercado, sozinho, não faz. A universidade é o celeiro da pesquisa e do questionamento intelectual, ela opera num tempo distinto do tempo do mercado, mais lento e mais aberto ao aprofundamento. O que ela tem de melhor a dar aos jornalistas em formação é o convívio com as ciências humanas aplicadas aos temas da imprensa. É aí que os jovens devem tomar contato com as correntes filosóficas pelas quais a ética pode ser estudada e aplicada. A universidade pode ensiná-los a seguir aprendendo pelo resto da vida. Nisso, ela é insubstituível.

OS CÓDIGOS DE ÉTICA TÊM SERVENTIA?

A formação se completa nas empresas, nas redações e no mercado. Mais que isso, porém, completa-se no exercício da função *pública* que é o jornalismo. É no convívio diário com as reações do leitor, do ouvinte, do telespectador e do internauta que o profissional terá contato com a relevância prática e imediata de sua função social. Aí, também, ele aprenderá a cultivar e a respeitar suas fontes de informação; aí ele conhecerá na carne o valor da independência e os perigos dos conflitos de interesses. Mas como, na prática, as redações e as empresas podem dar seguimento à formação ética de seus profissionais? Adotar códigos de ética tem alguma serventia?

Pelo exemplo e pelas orientações expressas que dão, os profissionais mais experientes podem atuar na formação de seus colegas e subordinados — e para isso não precisam de códigos escritos. Os princípios, os valores e as condutas do jornalismo se sedimentam mais pelos costumes do que pelas normas explícitas, grafadas em letras grandes e penduradas na parede da sala do chefe. Para a educação dos profissionais, um código de ética pronto e fechado não adianta muito. Na verdade, não vale quase nada. Um código tem a vantagem de pôr o preto no branco, isto é, de sacramentar os princípios que regem as tomadas de decisão. Um iniciante que seja apresentado a ele não tem mais a prerrogativa de dizer que o ignora. Nesse sentido, normas sobre conflitos de interesses, por exemplo, especialmente as que estipulam proibições a que se aceitem presentes caros das assessorias de imprensa ou a que o jornalista exerça, nas "horas vagas", alguma função profissional de assessor de imprensa, podem ser de alguma eficácia. Também são úteis normas expressas sobre a separação entre jornalismo e publicidade; além de explicitar princípios, elas ajudam a regular o relacionamento entre o lado editorial da empresa e o lado comercial. Essas normas são facilmente entendidas pelo profissional como uma política da empresa em que trabalha, e ele vai acatá-las por subordinação. Mas o mais importante é que elas sejam parte ativa da cultura local. Isso pode ser estimulado pelos chefes, na prática, com base nos casos que se apresentem no dia-a-dia em cada editoria ou em cada revista da empresa. Além do quê, é preciso explicá-las com calma aos recém-contratados, e, de tempos em tempos, vale a pena revisá-las e atualizá-las com a participação do maior número possível de jornalistas. Só assim elas se tornam letras vivas do fazer jornalístico.

Quanto às normas que não se referem diretamente a problemas de conflito de interesses — as que tratam da conduta diante das fontes, da necessidade de ouvir o outro lado de todos os fatos reportados, que definem a objetividade e a responsabilidade social sobre o que é publicado, além de outras —, estas, que dependem de avaliações subjetivas para sua aplicação em cada caso específico, ou são produto de um processo coletivo de elaboração, ou não têm eficácia nenhuma para aprimorar os costumes. Viram profissões de fé sem conseqüência prática. "A força de um código de ética", lê-se no manual publicado pela Society of Professional Journalists, *Doing ethics in journalism*, "é uma função não apenas de seus vários princípios e recomendações, mas de sua legitimidade e autoridade aos olhos daqueles para quem ele foi escrito."[1] A legitimidade se consegue pelo envolvimento do maior número daqueles que deverão seguir o código na elaboração desse mesmo código. A autoridade vem da conduta exemplar dos que comandam as redações na observância das regras e também das punições que se verificam em caso de desobediência clara. Em alguma medida, há um aspecto de norma jurídica nos códigos de ética: eles prevêem sanções. Caso contrário não têm autoridade.

Normas legais e ética jornalística, porém, não se confundem. As primeiras têm sua validade e sua eficácia asseguradas pelo Estado. Quanto aos códigos de ética que existem na imprensa, surgem como a manifestação da consciência da profissão ou da empresa ou da organização. Expressam um comprometimento voluntário com um determinado padrão de conduta. Sua validade, portanto, não se mede tanto pela obediência, pois, quando adotados com base no engajamento coletivo dos interessados, já trazem em si uma promessa de conduta ética por parte daqueles mesmos que deverão obedecer a eles. A validade dos códigos de ética está no compromisso prévio que eles contêm e no acúmulo de sabedoria ética que representam. Eles anunciam para a sociedade que seus signatários firmam o propósito de observar, para benefício dessa mesma sociedade, aquele conjunto de princípios, valores e padrões de conduta. Vistos desse ângulo, os códigos são educativos e podem proporcionar um patamar comum para que os dilemas éticos sejam equacionados e, depois, se assim for indicado, debatidos em público.

Para as redações e para as empresas, o ponto não é ter ou não ter um ou mais códigos. Pode-se tê-los como um documento decorativo, o que de nada vale. Em contrapartida, há ambientes profissionais onde nada está escrito e, não obstante, os melhores valores do jornalismo são vivamente cultivados, cimentando a cultura dos que ali trabalham. Códigos não fabricam bom jornalismo. Ao contrário, com incômoda freqüência, são brandidos para encobrir mau jornalismo. O ponto é outro: os que comandam equipes jornalísticas e os proprietários das empresas de comunicação devem incluir no seu rol de afazeres a formação ética permanente dos jornalistas, dando-lhes retorno transparente sobre cada decisão ética e promovendo debates periódicos sobre o tema, o que inclui a recomendação de leituras e o apoio a cursos de aperfeiçoamento aos que têm interesse em se aprofundar. Se essa atividade é encarada com seriedade e empenho, a decisão entre ter ou não ter um código, ou uma carta de princípios, mais concisa, é apenas uma decorrência. Acompanhar e monitorar a cultura ética das equipes é muito mais vital.

Os princípios e valores são claros para todos os jornalistas daquela redação ou daquela companhia? Há muitas formas de averiguar. Se cada um fosse convidado a sintetizar em cinco ou dez pontos sucintos quais são os valores da redação ou da empresa que o emprega, será que os resultados seriam parecidos? Todos têm na cabeça a missão da publicação em que trabalham? Sabem expressá-la? Diante de um dilema hipotético, a maioria apontaria soluções mais ou menos sintonizadas entre si? O questionário que ajuda a medir a quantas anda a clareza ética dos jornalistas de um determinado grupo é vasto, quase interminável. As opções são muitas — e não é o caso de inventariá-las aqui. Tudo o que os dirigentes têm a fazer é não descuidar do acompanhamento e da formação de suas equipes. Disso depende o sucesso dos veículos e, num plano geral, a própria sobrevivência da credibilidade do jornalismo (no primeiro capítulo de *Committed journalism*, Edmund Lambeth apresenta dados que mostram declínio da confiança do público americano nos seus jornalistas; pesquisas em vários outros países vêm indicando uma tendência parecida).

O QUE OS SINDICATOS BRASILEIROS PODERIAM FAZER

No Brasil, os sindicatos de jornalistas e a Federação Nacional dos Jornalistas, assim como a Associação Brasileira de Imprensa, a Associação Nacional de Jornais e a Associação Nacional de Editores de Revistas, poderiam realizar em seus fóruns específicos o exame das novas questões éticas que a realidade impõe. Para os sindicatos, as relações entre jornalismo e assessoria de imprensa talvez sejam o tópico mais urgente. Como eles congregam sob um mesmo código os profissionais das duas áreas, tendem a não aclarar, mas a ocultar os conflitos entre os dois campos. Os sindicatos — sem abrir mão de sua luta por emprego, salário e boas condições de trabalho — não errariam se patrocinassem a elaboração de códigos distintos para cada um dos dois, o que seria um passo significativo para a elevação dos padrões éticos de todos os profissionais. Todas as federações e associações da área, porém, têm um debate em comum: como fica a independência editorial com o advento dos grandes conglomerados transnacionais da mídia? Como cada um se posiciona diante do fato? Como preservar o jornalismo?

A SOCIEDADE PRECISA ESTAR ENVOLVIDA NO DEBATE

No início deste livro, foram lembrados três episódios que

são sintomas da deformação do espaço público pela ação do jornalismo dos meios audiovisuais: a conduta da Rede Globo durante a campanha pelas eleições diretas, em 1984, nas eleições presidenciais de 1989 e, depois, em 1992, por ocasião do processo de impeachment do presidente Fernando Collor. Nos três, houve distorção ou omissão de informações. A democracia brasileira pode contribuir para corrigir práticas como essas? Pode. Como foi visto no quarto capítulo, há mecanismos institucionais para produzir uma legislação atualizada que impeça a concentração do poder da mídia nas mãos de monopólios regionais ou nacionais.

Mas o regime de propriedade dos meios de comunicação não é a causa única das distorções informativas: é apenas um ambiente que favorece as distorções, pois favorece o abuso de poder. Além dessa dimensão institucional, há a dimensão ética propriamente dita: a desinformação praticada pela TV nasce da ação humana, tem origem nos atos individuais daqueles que estão encarregados de dirigir as emissoras e as redes. É interessante notar que, se fossem observados os preceitos éticos do jornal *O Globo*, que pertence ao grupo de empresas da Rede Globo, as distorções e omissões sistemáticas de 1984, 1989 e 1992 jamais teriam acontecido.

Diz o *Manual de redação e estilo* de *O Globo*:

> Todo jornalista, do repórter ao editor, seleciona e dá pesos diferentes aos elementos de informação que passam por suas mãos. Isso é inevitável — pois não há outra maneira de trabalhar — e representa o exercício de considerável poder: o de decidir como determinado aspecto da realidade será apresentado à opinião pública. A primeira questão ética que se põe para o jornalista é aprender a não abusar desse poder. É inaceitável que o processamento da informação seja posto a serviço de fins políticos, ideológicos e pessoais.[2]

É muito bom que esse preceito faça parte do manual de *O Globo* e que seja difundido para o público. Melhor ainda seria se a Rede Globo agisse em consonância com ele.

E se admitisse suas faltas. Se a Rede Globo reconhecesse seus erros passados e os explicasse à opinião pública, prestaria um grande serviço e sua credibilidade não sairia ferida — ao contrário, iria se reforçar. Disposição para reconhecer e corrigir as falhas é um mandamento sagrado da ética jornalística. Quando mostram essa disposição, os veículos informativos ajudam a elevar o espírito crítico do público e abrem uma discussão essencialmente educativa. É assim — e só assim — que a imprensa ajuda na formação ética dos cidadãos, e, sem essa formação continuada, é inútil pretender que os jornalistas dêem conta de todos os recados.

Ao mesmo tempo, é igualmente inútil, além de desastroso, esperar que a lei garanta a qualidade dos conteúdos informativos. A legislação pode, e deve, estabelecer limites de propriedade, assim como pode, e deve, ter regras mais severas para a concessão de canais de rádio e televisão. A lei também garante a integridade das pessoas, protegendo-as contra a calúnia, a injúria e a difamação (o que está no Código Penal). Protege também a liberdade de expressão, o direito à informação, e condena a censura (na Constituição Federal). A lei, enfim, cuida das premissas para que a democracia funcione, mas não há como esperar que ela tenha o poder de determinar que todo jornalismo seja bom. Assim como é insano incumbir o Estado de filtrar o que é veiculado na mídia. Qualquer que seja o regime democrático, sempre haverá a decisão que cabe ao indivíduo, e, onde há liberdade de imprensa, não pode haver nenhum tipo de censura.

É unanimidade nos estudos contemporâneos sobre ética na imprensa que a lei não garante qualidade. Ela apenas estabelece o território comum, as regras de base para que a liberdade de expressão seja exercida por todos. Acima dessa base, a ética lida com as escolhas individuais que são feitas para atender o direito à informação. Sobre cada escolha, entretanto, os indivíduos e as empresas devem assumir a plena responsabilidade. Por certo, ética e direito são temas imbricados: há demandas éticas que, ao longo do tempo, acabam se transformando em lei. Assim foi com a abolição da escravatura, o voto feminino, as garantias trabalhistas. Mas, como se viu ao longo deste livro, o dilema ético por excelência não é aquele que opõe o lícito ao ilícito: é aquele que abre uma escolha entre o certo e o certo, isto é, entre dois valores que se apresentam como igualmente justos e bons. Por isso, também, a ética está presente em toda decisão que busque qualidade de informação. Debater abertamente as questões éticas, à luz de episódios reais, é um serviço de utilidade pública: educa o espírito crítico dos cidadãos e ajuda a melhorar a imprensa.

Apêndice

ALGUNS EXEMPLOS DE CÓDIGOS DE ÉTICA

BRASIL

ASSOCIAÇÃO NACIONAL DE EDITORES DE REVISTAS (ANER)

(Publicado em dezembro de 1997)

Princípios éticos recomendados pela Comissão de Ética da ANER às Editoras associadas:

1. Manter a independência editorial, trabalhando exclusivamente para o leitor.

2. Garantir, efetivamente e sem subterfúgios, o direito de resposta aos que provarem que foram difamados, caluniados ou injustiçados.

3. Zelar pela liberdade de expressão e pelo livre exercício da profissão de jornalista.

4. Assegurar o acesso do leitor às diferentes versões de um fato e às diversas tendências de opinião da sociedade sobre esse fato.

5. Preservar o sigilo das fontes.

6. Respeitar o direito do indivíduo à privacidade, salvo quando esse direito constituir obstáculo à informação de interesse público.

7. Diferenciar espaço editorial de espaço publicitário de maneira facilmente identificável pelo leitor.

8. Defender os direitos humanos, os valores da democracia representativa e a livre iniciativa.

PRECEITOS DA ASSOCIAÇÃO NACIONAL DE JORNAIS

Os jornais afiliados à ANJ (Associação Nacional de Jornais) comprometem-se a cumprir os seguintes preceitos:

1. Manter sua independência
2. Sustentar a liberdade de expressão, o funcionamento sem restrições da imprensa e o livre exercício da profissão
3. Apurar e publicar a verdade dos fatos de interesse público, não admitindo que sobre eles prevaleçam quaisquer interesses
4. Defender os direitos do ser humano, os valores da democracia representativa e a livre iniciativa
5. Assegurar o acesso de seus leitores às diferentes versões dos fatos e às diversas tendências de opinião da sociedade
6. Garantir a publicação de contestações objetivas das pessoas ou organizações acusadas, em suas páginas, de atos ilícitos ou comportamentos condenáveis
7. Preservar o sigilo de suas fontes
8. Respeitar o direito de cada indivíduo à sua privacidade, salvo quando esse direito constituir obstáculo à informação de interesse público
9. Diferenciar, de forma identificável pelos leitores, material editorial e material publicitário
10. Corrigir erros que tenham sido cometidos em suas edições

CÓDIGO DE ÉTICA DO JORNALISMO

Aprovado em 29 de setembro de 1985, Federação Nacional dos Jornalistas (Brasil)

O Congresso Nacional dos Jornalistas fixa as normas a

que deverá subordinar-se a atuação do profissional, nas suas relações com a comunidade, com as fontes de informação, e entre jornalistas.

I — Do direito à informação

Art. 1 — O acesso à informação pública é um direito inerente à condição de vida em sociedade, que não pode ser impedido por nenhum tipo de interesse.

Art. 2 — A divulgação da informação precisa é dever dos meios de comunicação pública independente da natureza de sua propriedade.

Art. 3 — A informação divulgada pelos meios de comunicação pública se pautará pela real ocorrência dos fatos e terá por finalidade o interesse social coletivo.

Art. 4 — A prestação de informações pelas instituições públicas, privadas e particulares, cujas atividades produzam efeito na vida em sociedade, é uma obrigação social.

Art. 5 — A obstrução direta ou indireta à livre divulgação da informação e a aplicação de censura ou autocensura são um delito contra a sociedade.

II — Da conduta profissional do jornalista

Art. 6 — O exercício da profissão do jornalista é uma atividade de natureza social e de finalidade pública, subordinado ao presente Código de Ética.

Art. 7 — O compromisso fundamental do jornalista é com a verdade dos fatos, e seu trabalho se pauta pela precisa apuração dos acontecimentos e sua correta divulgação.

Art. 8 — Sempre que considerar correto e necessário, o jornalista resguardará a origem e identidade das suas fontes de informação.

Art. 9 — É dever do jornalista:

a) Divulgar todos os fatos que sejam de interesse público.

b) Lutar pela liberdade de pensamento e expressão.

c) Defender o livre exercício da profissão.

d) Valorizar, honrar e dignificar a profissão.

e) Opor-se ao arbítrio, ao autoritarismo e à opressão, bem como defender os princípios expressos na Declaração Universal dos Direitos do Homem.

f) Combater e denunciar todas as formas de corrupção, em especial quando exercida com o objetivo de controlar a informação.

g) Respeitar o direito à privacidade do cidadão.

h) Prestigiar as entidades representativas e democráticas da categoria.

Art. 10 — O jornalista não pode:

a) Aceitar oferta de trabalho remunerado em desacordo com o piso salarial da categoria ou da tabela fixada por entidade de classe.

b) Submeter-se a diretrizes contrárias à divulgação correta da informação.

c) Frustrar a manifestação de opiniões divergentes ou impedir o livre debate.

d) Concordar com a prática de perseguição ou discriminação por motivos sociais, políticos, religiosos, raciais, de sexo e de orientação sexual.

e) Exercer coberturas jornalísticas pelo órgão em que trabalha, em instituições públicas e privadas, onde seja funcionário, assessor ou empregado.

III — Da responsabilidade profissional do jornalista

Art. 11 — O jornalista é responsável por toda a informação que divulga, desde que seu trabalho não tenha sido alterado por terceiros.

Art. 12 — Em todos os seus direitos e responsabilidades o jornalista terá apoio e respaldo das entidades representativas da categoria.

Art. 13 — O jornalista deve evitar a divulgação de fatos:

a) Com interesse de favorecimento pessoal ou vantagens econômicas.

b) De caráter mórbido e contrários aos valores humanos.

Art. 14 — O jornalista deve:

a) Ouvir sempre, antes da divulgação dos fatos, todas as pessoas objeto de acusações não comprovadas, feitas por terceiros e não suficientemente demonstradas ou verificadas.

b) Tratar com respeito a todas as pessoas mencionadas nas informações que divulgar.

Art. 15 — O jornalista deve permitir o direito de resposta às pessoas envolvidas e mencionadas em sua matéria, quando ficar demonstrada a existência de equívocos ou incorreções.

Art. 16 — O jornalista deve pugnar pelo exercício da soberania nacional, em seus aspectos político, econômico e social, e pela prevalência da vontade da maioria da sociedade, respeitados os direitos das minorias.

Art. 17 — O jornalista deve preservar a língua e a cultura nacionais.

IV — Aplicação do Código de Ética

Art. 18 — As transgressões ao presente Código de Ética serão apuradas e apreciadas pela Comissão de Ética.

Parágrafo 1º — A Comissão de Ética será eleita em Assembléia Geral da categoria, por voto secreto, especialmente convocada para este fim.

Parágrafo 2º — A Comissão de Ética terá cinco membros com mandato coincidente com o da diretoria do Sindicato.

Art. 19 — Os jornalistas que descumprirem o presente Código de Ética ficam sujeitos gradativamente às seguintes penalidades, a serem aplicadas pela Comissão de Ética:

a) Aos associados do Sindicato, de observação, advertência, suspensão e exclusão do quadro social do Sindicato;

b) Aos não-associados do Sindicato, de observação, advertência pública, impedimento temporário e impedimento definitivo de ingresso no quadro social do Sindicato.

Parágrafo único — As penas máximas (exclusão de quadro social, para os sindicalizados, e impedimento definitivo de ingresso no quadro social, para os não-sindicalizados) só poderão ser aplicadas após prévio referendo da Assembléia Geral especialmente convocada para este fim.

Art. 20 — Por iniciativa de qualquer cidadão, jornalista ou não, ou instituição atingidos, poderá ser dirigida representação escrita ou identificada à Comissão de Ética para que seja apurada a existência de transgressão cometida por jornalista.

Art. 21 — Recebida a representação, a Comissão de Ética decidirá sua aceitação fundamentada ou, se notadamente incabível, determinará seu arquivamento, tornando pública a decisão, se necessário.

Art. 22 — A aplicação de penalidade deve ser precedida de prévia audiência do jornalista, objeto de representação, sob pena de nulidade.

Parágrafo 1º — A audiência deve ser convocada por escrito pela Comissão de Ética, mediante sistema que comprova o recebimento da respectiva notificação, e realizar-se-á no prazo de 10 dias a contar da data do vencimento do mesmo.

Parágrafo 2º — O jornalista poderá apresentar resposta escrita no prazo do parágrafo anterior, ou apresentar suas razões oralmente, no ato da audiência.

Parágrafo 3º — A não-observância pelo jornalista dos prazos previstos neste artigo implica a aceitação dos termos da representação.

Art. 23 — Havendo ou não resposta, a Comissão de Ética encaminhará sua decisão às partes envolvidas no prazo máximo de 10 dias, contados da data marcada para a audiência.

Art. 24 — Os jornalistas atingidos pelas penas de advertência e suspensão podem recorrer à Assembléia Geral, no prazo máximo de 10 dias a contar do recebimento da notificação.

Parágrafo único — Fica assegurado ao autor da representação o direito de recorrer à Assembléia Geral, no prazo máximo de 10 dias a contar do recebimento da notificação, caso não concorde com a decisão da Comissão de Ética.

Art. 25 — A notória intenção de prejudicar o jornalista, manifesta em caso de representação sem o necessário fundamento, será objeto de censura pública contra o seu autor.

Art. 26 — O presente Código de Ética entrará em vigor após a homologação em Assembléia Geral de Jornalistas, especialmente convocada para este fim.

Art. 27 — Qualquer notificação deste Código somente poderá ser feita em Congresso Nacional de Jornalistas mediante proposição subscrita no mínimo por 10 delegações representantes do Sindicato de Jornalistas.

ESTADOS UNIDOS

CÂNONES DO JORNALISMO

Adotado pelo Comitê de Ética da American Society of Newspaper Editors (ASNE), em 1922

A função primária dos jornais é comunicar à raça humana o que seus membros fazem, sentem e pensam. O jornalismo, portanto, exige de seus praticantes o mais amplo alcance de inteligência, de conhecimento e de experiência, assim como poderes naturais e treinados de observação e raciocínio. As suas oportunidades como cronista estão indissoluvelmente ligadas a suas obrigações como professor e intérprete.

Com o fim de encontrar alguns meios de codificar a prática sadia e as aspirações justas do jornalismo americano, estes cânones são apresentados:

I

Responsabilidade. O direito de um jornal de atrair e manter leitores não é restrito por nenhuma coisa senão as considerações com o bem-estar público. O uso que um jornal faz da fatia de atenção pública que obtém serve para determinar seu senso de responsabilidade, que partilha com cada membro de sua equipe. O jornalista que usa seu poder para qualquer propósito egoísta ou de algum outro modo pérfido é indigno de uma alta confiança.

II

Liberdade de Imprensa. A liberdade de imprensa deve ser protegida como um direito vital da humanidade. Ela é o direito inquestionável de discutir qualquer coisa que não seja explicitamente proibida por lei, inclusive a sabedoria de qualquer estatuto restritivo.

III

Independência. A liberdade de todas as obrigações, exceto a da fidelidade ao interesse público, é vital.

1. A promoção de qualquer interesse privado contrário ao bem-estar geral, por qualquer razão, não é compatível com o jornalismo honesto. As assim chamadas comunicações noticiosas de fontes privadas não devem ser publicadas sem conhecimento público de sua fonte ou qualquer outra substanciação de sua afirmação de valor como notícias, tanto em forma como em substância.

2. Partidarismo em comentário editorial que sabidamente se afasta da verdade constitui violência ao melhor espírito do jornalismo americano; em colunas noticiosas é subversivo de um princípio fundamental da profissão.

IV

Sinceridade, Veracidade, Exatidão. A boa-fé com o leitor é o fundamento de todo jornalismo digno do nome.

1. Por todas as considerações de boa-fé, um jornal é constrangido a ser verdadeiro. Não deve ser escusado por falta de

minuciosidade ou exatidão ao alcance de seu controle ou falha em obter comando dessas qualidades essenciais.

2. Os títulos devem ser plenamente garantidos pelo conteúdo dos artigos que encabeçam.

V

Imparcialidade. A prática sadia estabelece clara distinção entre reportagens noticiosas e expressões de opinião. As reportagens noticiosas devem ser livres de opinião ou preconceito de qualquer espécie.

1. Essa regra não se aplica aos assim chamados artigos especiais inconfundivelmente devotados à advocacia ou caracterizados pela assinatura autorizando as conclusões e interpretações próprias do redator.

VI

Jogo Limpo. Um jornal não deve publicar acusações não oficiais afetando reputação ou caráter moral sem proporcionar a oportunidade de o acusado ser ouvido; a prática correta exige a concessão de tal oportunidade em todos os casos de acusação séria fora de procedimentos judiciais.

1. Um jornal não deve invadir direitos ou sentimentos privados sem garantia segura de direitos públicos, distinto da curiosidade pública.

2. É privilégio, como é dever, de um jornal fazer correção pronta e completa de seus próprios erros sérios de fato ou opinião, seja qual for sua origem.

VII

Decência. Um jornal não pode escapar da condenação por insinceridade se, enquanto professando alto propósito moral, proporciona incentivos à baixa conduta, tais como são encontrados em detalhes de crimes de vício, cuja publicação não é demonstravelmente pelo bem público. Carente de autoridade para forçar os seus cânones, o jornalismo aqui representado não pode expressar senão a esperança de que, se servir deliberadamente de instrumento a instintos viciosos, irá encontrar efetiva desaprovação pública ou dobrar-se à influência de uma condenação profissional preponderante.[1]

DECLARAÇÃO DE PRINCÍPIOS — ASNE*

A Declaração de Princípios da American Society of Newspaper Editors (ASNE) foi adotada inicialmente em 1922 como os Cânones do Jornalismo. O documento foi revisto e renomeado como Declaração de Princípios em 1975.

PREÂMBULO. A Primeira Emenda, protegendo a liberdade de expressão contra a restrição por qualquer lei, garante direito constitucional às pessoas por meio de sua imprensa e, conseqüentemente, atribui particular responsabilidade ao pessoal da imprensa. Assim, o jornalismo exige de seus profissionais não somente diligência e conhecimento, mas também a busca de um padrão de integridade proporcional à obrigação individual do jornalista. Para esse fim, a American Society of Newspaper Editors estabelece esta Declaração de Princípios como padrão para incentivar o mais elevado desempenho ético e profissional.

ARTIGO I — Responsabilidade. O objetivo principal de coletar e distribuir notícias e opinião é atender o bem-estar público informando as pessoas e capacitando-as a fazer julgamentos sobre as questões do momento. Os jornalistas que abusam do poder de seu papel profissional por motivos egoístas ou propó-

* Esta Declaração e os códigos que seguem foram traduzidos por Cid Knipel Moreira.

sitos desonrosos são indignos da confiança pública. A imprensa americana nasceu livre não apenas para informar ou para servir de fórum de debates, mas também para trazer um escrutínio independente sobre as forças do poder na sociedade, inclusive sobre a conduta do poder oficial em todos os níveis de governo.

ARTIGO II — Liberdade de Imprensa. A liberdade de imprensa pertence ao povo. Ela deve ser defendida contra usurpação ou ataque por parte de quaisquer interesses, públicos ou privados. Os jornalistas devem estar constantemente alertas para garantir que os assuntos do público sejam conduzidos em público. Devem estar vigilantes contra todos aqueles que possam explorar a imprensa para propósitos egoístas.

ARTIGO III — Independência. Os jornalistas devem evitar impropriedade e a aparência de impropriedade, bem como qualquer conflito de interesses ou a aparência de conflito. Não devem aceitar nada nem buscar nenhuma atividade que possa comprometer ou parecer comprometer sua integridade.

ARTIGO IV — Veracidade e Exatidão. A boa-fé com o leitor é o fundamento de todo jornalismo digno do nome. Todo esforço deve ser feito para garantir que o conteúdo da notícia seja exato, livre de preconceitos e contextualizado, e que todos os lados sejam apresentados de maneira imparcial. Editoriais, artigos e comentários analíticos devem ser mantidos nos mesmos padrões de exatidão das reportagens noticiosas com respeito aos fatos. Erros significativos de fato, bem como erros de omissão, devem ser pronta e explicitamente corrigidos.

ARTIGO V — Imparcialidade. Ser imparcial não implica que a imprensa deva ser condescendente ou se eximir da expressão editorial. A prática sadia, contudo, exige que se faça uma distinção clara para o leitor entre reportagens noticiosas e opinião. Artigos que contenham opinião ou interpretação pessoal devem ser claramente identificados.

ARTIGO VI — Jogo Limpo. Os jornalistas devem respeitar os direitos das pessoas envolvidas nas notícias, observar os padrões conhecidos de decência e permanecer responsáveis perante o público pela imparcialidade e exatidão de suas reportagens noticiosas. Pessoas acusadas publicamente devem receber a mais pronta oportunidade de resposta. As promessas de confidencialidade para com as fontes de notícias devem ser honradas a todo custo e, por isso, não devem ser feitas levianamente. A menos que haja necessidade clara e premente de manter sigilo, as fontes de informação devem ser identificadas.

Estes princípios se destinam a preservar, proteger e fortalecer o laço de confiança e respeito entre os jornalistas e o povo americano, um laço essencial para sustentar a concessão de liberdade a ambos confiada pelos fundadores da nação.

CÓDIGO DE ÉTICA

Sociedade dos Jornalistas Profissionais Sigma Delta Chi

(O primeiro Código de Ética da Sigma Delta Chi foi tomado de empréstimo da American Society of Newspaper Editors em 1926. Em 1973, a Sigma Delta Chi redigiu seu próprio código, revisto em 1984 e 1987. A presente versão do Código de Ética da Sociedade dos Jornalistas Profissionais foi adotada em setembro de 1996.)

Preâmbulo

Os membros da Sociedade dos Jornalistas Profissionais acreditam que o esclarecimento público é o precursor da justiça e fundamento da democracia. O dever do jornalista é incrementar estes objetivos por meio da busca da verdade e do fornecimento de um relato imparcial e abrangente dos eventos e questões. Os jornalistas conscienciosos de todos os meios de comunicação e especialidades se empenham em atender o público com meticulosidade e honestidade. A integridade profissional é a pedra angular da credibilidade do jornalista. Os membros da Sociedade compartilham uma dedicação ao comportamento ético e adotam este código para declarar os princípios e padrões da prática da Sociedade.

Buscar a Verdade e Divulgá-la

Os jornalistas devem ser honestos, imparciais e corajosos na apuração, relato e interpretação das informações.

Os jornalistas devem:

• Testar a exatidão das informações de todas as fontes e exercitar a atenção para evitar o erro inadvertido. A distorção deliberada jamais é admissível.

• Procurar diligentemente pessoas envolvidas nas reportagens noticiosas para lhes dar a oportunidade de responder a alegações de má conduta.

• Identificar as fontes sempre que viável. O público tem direito ao máximo de informações possível sobre a confiabilidade das fontes.

• Sempre indagar as motivações das fontes antes de prometer anonimato. Esclarecer as condições vinculadas a qualquer promessa feita em troca de informações. Cumprir as promessas.

• Certificar-se de que as manchetes, chamadas para reportagens e material promocional, fotos, vídeo, áudio, imagens, comentários e citações não sejam deturpações. Esses elementos não devem simplificar demais ou destacar incidentes fora do contexto.

• Nunca distorcer o conteúdo de fotos ou vídeo de notícias. O realce de imagens para melhor esclarecimento técnico é sempre permissível. Identificar montagens e ilustrações fotográficas.

• Evitar reconstituições enganosas ou eventos noticiosos encenados. Se a reconstituição é necessária para relatar um caso, explicitar que se trata de reconstituição.

• Evitar espionagem ou outros métodos sub-reptícios de coletar informações, exceto quando os métodos tradicionais diretos não propiciarem informações vitais ao público. O uso de tais métodos deve ser explicado como parte da matéria.

• Nunca plagiar.

• Contar corajosamente a história da diversidade e magnitude da experiência humana, mesmo quando fazer isso for impopular.

• Examinar seus próprios valores culturais e evitar impor esses valores aos demais.

• Evitar estereotipar por raça, gênero, idade, religião, etnia, geografia, orientação sexual, deficiência física ou mental, aparência física ou status social.

• Apoiar o intercâmbio aberto de opiniões, mesmo daquelas que consideram repugnantes.

• Dar voz aos sem-voz; tanto as fontes oficiais como as não oficiais podem ser igualmente válidas.

• Distinguir entre defesa de causa e reportagem noticiosa. A análise e o comentário devem ser identificados e não deturpar o fato ou o contexto.

• Distinguir entre notícia e propaganda, e evitar híbridos que turvem as fronteiras entre as duas.

• Reconhecer como obrigação especial garantir que os negócios públicos sejam conduzidos às claras e que os registros governamentais sejam abertos à inspeção.

Minimizar Danos

Os jornalistas éticos tratam fontes, pessoas envolvidas em suas matérias e colegas como seres humanos merecedores de respeito.

Os jornalistas devem:

• Mostrar compaixão por aqueles que possam ser afetados adversamente pela cobertura noticiosa. Utilizar particular sensibilidade ao lidar com crianças e fontes ou pessoas inexperientes.

• Ser sensíveis ao procurar ou utilizar entrevistas ou fotos daqueles afetados por tragédia ou sofrimento.

• Reconhecer que a apuração e divulgação de informações podem provocar dano ou incômodo. A procura das notícias não é uma licença para a arrogância.

• Reconhecer que as pessoas comuns possuem um direito maior ao controle das informações sobre si mesmas do que representantes públicos e outros que buscam poder, influência ou atenção. Apenas uma necessidade pública prioritária pode justificar a invasão da privacidade de uma pessoa.

• Mostrar bom gosto. Evitar a exploração da curiosidade sensacionalista.

• Ser cautelosos quanto à identificação de suspeitos ou vítimas juvenis de crimes sexuais.

• Ser judiciosos quanto a nomear suspeitos de crimes antes do registro formal de acusações.

• Estabelecer um equilíbrio entre os direitos de um suspeito de crime a um julgamento imparcial e o direito do público de ser informado.

Atuar com Independência

Os jornalistas devem estar livres de obrigação com qualquer interesse que não o direito do público de saber.

Os jornalistas devem:

• Evitar conflitos de interesses, reais ou potenciais.

• Permanecer livres de associações e atividades que possam comprometer a integridade ou prejudicar a credibilidade.

• Recusar presentes, favores, gratificações, viagens gratuitas e tratamento especial, e evitar segundo emprego, envolvimento político, cargo público e serviço em organizações comunitárias se isso comprometer a integridade jornalística.

• Revelar conflitos inevitáveis.

• Ser vigilantes e corajosos na responsabilização daqueles dotados de poder.

• Negar tratamento preferencial a anunciantes e grupos de interesses especiais, e resistir a sua pressão para influenciar a cobertura noticiosa.

• Desconfiar de fontes que ofereçam informações em troca de favores ou dinheiro; evitar ofertas de notícias.

Ser Responsável

Os jornalistas são responsáveis perante seus leitores, ouvintes, espectadores e entre si.

Os jornalistas devem:

• Esclarecer e explicar a cobertura noticiosa, e provocar o diálogo com o público sobre a conduta jornalística.

• Encorajar o público a verbalizar queixas contra a mídia noticiosa.

• Admitir erros e corrigi-los prontamente.

• Revelar práticas antiéticas de jornalistas e da mídia de notícias.

• Pautar-se pelos mesmos padrões elevados pelos quais consideram os demais.

CÓDIGO DE ÉTICA DOS EDITORES-CHEFES DA ASSOCIATED PRESS REVISTO E ADOTADO EM 1995

Estes princípios são um modelo em relação ao qual os membros do pessoal de reportagem e editoria podem avaliar seu desempenho. Foram formulados na convicção de que os jornais e as pessoas que os produzem devem seguir os mais elevados padrões de conduta ética e profissional.

O direito do público de saber sobre questões de importância é supremo. O jornal possui uma responsabilidade especial como delegado de seus leitores para ser um zelador vigilante de seus interesses públicos legítimos.

Nenhuma declaração de princípios pode prescrever decisões concernentes a todas as situações. O senso comum e o bom discernimento são necessários na aplicação de princípios éticos às realidades jornalísticas. À medida que novas tecnologias evoluem, estes princípios podem orientar os editores na garantia da credibilidade das notícias e informações que eles fornecem. Cada um dos jornais é encorajado a ampliar essas diretrizes da APME para aplicá-las mais especificamente a sua própria situação.

Responsabilidade

O bom jornal é imparcial, exato, honesto, responsável, independente e decente. A verdade é seu princípio norteador.

Evita práticas que possam conflitar com a capacidade de relatar e apresentar as notícias de uma maneira imparcial, exata e sem preconceitos.

O jornal deve propiciar uma crítica construtiva de todos os segmentos da sociedade. Deve refletir sensatamente, em seu pessoal e cobertura, sua clientela diversificada. Deve expor vigorosamente a má conduta, duplicidade ou abuso do poder, público ou privado. Editorialmente, deve advogar a necessária reforma e inovação no interesse público. As fontes de notícias devem ser reveladas, a menos que haja uma razão clara para não fazer isso. Quando é necessário proteger a confidencialidade de uma fonte, deve-se explicar o motivo.

O jornal deve defender o direito de livre discurso e a liberdade de imprensa, e deve respeitar o direito do indivíduo à privacidade. O jornal deve combater vigorosamente em favor do acesso público às notícias do governo por meio de reuniões e registros abertos.

Exatidão

O jornal deve precaver-se contra imprecisões, descuidos, preconceito ou distorção por meio de ênfase, omissão ou manipulação tecnológica.

Deve reconhecer erros substantivos e corrigi-los pronta e explicitamente.

Integridade

O jornal deve empenhar-se pelo tratamento imparcial das questões e pela abordagem desinteressada de assuntos controvertidos. Deve propiciar um fórum para a troca de comentários e críticas, particularmente quando esses comentários são contrários a suas posições editoriais. Os editoriais e outras expressões de opinião por repórteres e editores devem ser claramente rotulados. A propaganda deve ser diferenciada das notícias.

O jornal deve divulgar as leis de imprensa independentemente de seus próprios interesses, atento à necessidade de revelar conflitos potenciais. Não deve dar tratamento noticioso preferencial a anunciantes ou grupos de interesses especiais.

Deve divulgar assuntos relativos a si mesmo ou seu pessoal com o mesmo vigor e franqueza que dedicaria a outras instituições ou indivíduos. Preocupação com interesses comunitários, comerciais ou pessoais não deve levar o jornal a distorcer ou deturpar os fatos.

O jornal deve lidar honestamente com os leitores e produtores de notícias. Deve cumprir suas promessas.

O jornal não deve plagiar palavras ou imagens.

Independência

O jornal e seu pessoal devem estar livres de obrigações com as fontes e produtores de notícias. Mesmo a aparência de obrigação ou de conflito de interesses deve ser evitada.

Os jornais não devem aceitar nada de valor das fontes de notícias ou de outros de fora da profissão. Presentes e viagens gratuitas ou com tarifas reduzidas, entretenimento, produtos e alojamento não devem ser aceitos. As despesas vinculadas à cobertura noticiosa devem ser pagas pelo jornal. Favores especiais e tratamento especial para membros da imprensa devem ser evitados.

Os jornalistas são encorajados a se envolver em suas comunidades, na medida em que essas atividades não criem conflitos de interesses. O envolvimento em política, manifestações e causas sociais que possa gerar conflito de interesses, ou a aparência de tal conflito, deve ser evitado.

Também deve-se evitar que membros do quadro de pessoal do jornal trabalhem para pessoas ou instituições por eles cobertas.

Investimentos financeiros por parte dos membros do quadro de pessoal ou de outros interesses externos que possam criar a impressão de um conflito de interesses também devem ser evitados.

As matérias não devem ser redigidas ou editadas com o propósito principal de conquistar condecorações e prêmios. Concursos e prêmios de jornalismo que servem a interesses próprios e refletem desfavoravelmente sobre o jornal ou a profissão devem ser evitados.

SUGESTÕES DE LEITURA

A imprensa e o dever da verdade, de Rui BARBOSA. São Paulo, Edusp; Com-arte, 1990.

Notícias do Planalto — A imprensa e Fernando Collor, de Mario Sergio CONTI. São Paulo, Companhia das Letras, 1999.

Um trabalhador da notícia, de Perseu ABRAMO. São Paulo, Editora Fundação Perseu Abramo, 1997.

A regra do jogo — O jornalismo e a ética do marceneiro, de Cláudio ABRAMO. São Paulo, Companhia das Letras, 1988.

A ética no jornalismo, de Philip MEYER. Rio de Janeiro, Forense Universitária, 1989.

Chatô, o rei do Brasil — A vida de Assis Chateaubriand, de Fernando MORAIS. São Paulo, Companhia das Letras, 1994.

O papel do jornal, de Alberto DINES. 2ª ed. Rio de Janeiro, Artenova, 1977.

A saga dos cães perdidos, de Ciro MARCONDES FILHO. São Paulo, Hacker Editores, 2000.

Minha razão de viver — Memórias de um repórter, de Samuel WAINER (org. e editoração Augusto NUNES). 2ª ed. Rio de Janeiro, Record, 1988.

O jornalismo como gênero literário, de Alceu AMOROSO LIMA. São Paulo, Edusp; Com-arte, 1990.

Jornalistas e revolucionários, de Bernardo KUCINSKI. São Paulo, Scritta Editorial, 1991.

Jornalismo econômico, de Bernardo KUCINSKI. São Paulo, Edusp, 1996.

Seminário de jornalismo. São Paulo, *Folha de S.Paulo*, 1986.

"*A culpa é da imprensa*", de Yves MAMOU. São Paulo, Marco Zero, 1992.

Ética na comunicação, de Clóvis BARROS FILHO (com a colaboração de Pedro LOZANO BARTOLOZZI). São Paulo, Moderna, 1995.

Os novos cães de guarda, de Serge HALIMI. Petrópolis, Vozes, 1998, col. Zero à Esquerda.

Caso Escola Base — Os abusos da imprensa, de Alex RIBEIRO. São Paulo, Ática, 1995.

O Globo: manual de redação e estilo, org. e ed. Luiz GARCIA. 20ª ed. São Paulo, Globo, 1994. (Ver o capítulo V, sobre questões éticas, a partir da página 111.)

Sobre a televisão, de Pierre BOURDIEU. Rio de Janeiro, Jorge Zahar, 1997.

Liberty and the news, de Walter LIPPMANN. New Brunswick, Transaction Publishers, 1995.

Public opinion, de Walter LIPPMANN. Nova York, Free Press Paperbacks (Simon and Schuster), 1997.

Doing ethics in journalism — A handbook with case studies, de Jay BLACK, Bob STEELE e Raalph BARNEY. The Sigma Delta Chi Foundation e The Society of Professional Journalists, 1993 (16 S. Jackson Street, Greencastle, IN, 46135, USA). Impresso por EBSCO Media, Birmingham, AL, EUA.

Committed journalism — An ethic for the profession, de Edmund B. LAMBETH. 2ª ed. Indiana University Press, 1992.

NA INTERNET

Observatório da Imprensa:
http://www.observatoriodaimprensa.com.br

Associação Brasileira de Imprensa:
http://www.abi.org.br/frame.html

Associação Nacional de Jornais:
http://www.anj.org.br/

Revista *CJR* (*Columbia Journalism Review*):
http://www.cjr.org/

Revista *Brill's Content*:
http://www.brillscontent.com/

American Society of Newspaper Editors:
http://www.asne.org

Instituto Gutenberg:
http://www.igutenberg.org/

International Center for Journalists:
http://www.icjf.org

Institute for Global Ethics:
http://www.globalethics.org/

The Society of Professional Journalists e Sigma Delta Chi Foundation:
http://www.spj.org

NOTAS

INTRODUÇÃO — O SANGUE AZUL, A DEONTOLOGIA E O DIREITO À INFORMAÇÃO (pp. 9-27)

1. Ph. MEYER, *A ética no jornalismo*, Rio de Janeiro, Forense Universitária, 1989.

2. E. B. LAMBETH, *Committed journalism — An ethic for the profession*, 2ª ed., Indiana University Press, 1992.

3. B. H. BAGDIKIAN, *O monopólio da mídia*, São Paulo, Scritta Editorial, 1993, p. 15.

4. *The Economist, A survey of technology and entertainment* (caderno especial), 21/11/1998.

5. M. CHAUI, "Ética e violência", *Teoria & Debate*, nº 39, out. 1998.

6. A. NOVAES (org.), *Ética*, São Paulo, Companhia das Letras, 1992.

7. M. WEBER, "Rejeições religiosas do mundo e suas direções", em *Ensaios de sociologia*, Rio de Janeiro, LTC Editora, 1982.

8. E. GIANNETTI, *Vícios privados, benefícios públicos? — A ética na riqueza das nações*, São Paulo, Companhia das Letras, 1993, p. 19.

9. J. HABERMAS, *Mudança estrutural da esfera pública*, Rio de Janeiro, Tempo Brasileiro, 1984, p. 36.

10. E. B. LAMBETH, op. cit., pp. 31 e 120.

11. R. KIDDER, *Ética jornalística — O novo debate*, Washington, International Center for Journalists, 1998, p. 21.

12. M. WEBER, op. cit., p. 388.

13. E. GIANNETTI, op. cit., pp. 110 e 134.

2. A SÍNDROME DA AUTO-SUFICIÊNCIA ÉTICA (pp. 37-55)

1. Luiz GARCIA (org. e ed.), *O Globo: manual de redação e estilo*, 20ª ed., São Paulo, Globo, 1994, p. 111.

2. B. KUCINSKI, *Jornalismo econômico*, São Paulo, Edusp, 1996, p. 173.

3. W. LIPPMANN, *Public opinion*, Nova York, Free Press Paperbacks (Simon and Schuster), 1997, pp. 201-3.

3. INDEPENDÊNCIA E CONFLITO DE INTERESSES (pp. 56-128)

1. *Columbia Journalism Review*, Graduate School of Journalism da Universidade de Columbia, set.-out. 1997.

2. F. MORAIS, *Chatô, o rei do Brasil — A vida de Assis Chateaubriand*, São Paulo, Companhia das Letras, 1994, p. 349.

3. Idem, ibidem, p. 410.

4. Idem, ibidem, p. 462.

5. Idem, ibidem, p. 370.

6. Idem, ibidem, p. 475.

7. S. WAINER, *Minha razão de viver — Memórias de um repórter*, Rio de Janeiro, Record, 1987, p. 131.

8. Ph. MEYER, *A ética no jornalismo*, Rio de Janeiro, Forense Universitária, 1989, p. 115.

9. C. ABRAMO, palestra transcrita em *Seminário de jornalismo*, São Paulo, *Folha de S.Paulo*, 1986.

10. *Exame*, ano 26, nº 20, 28/9/1994, p. 16.

11. Mark WOSSNER, "Success and responsability", em *Annual Report*, Bertelsmann, 1992-93, pp. 4-7, cit. por Octavio IANNI, *Teorias da comunicação*, 5ª ed., Rio de Janeiro, Civilização Brasileira, 1998, p. 108.

4. O VÍCIO E A VIRTUDE (pp. 129-87)

1. C. MARCONDES FILHO, *A saga dos cães perdidos*, São Paulo, Hacker Editores, 2000, p. 137.

2. G. PRIOLLI, participação no seminário internacional Uma Cultura para a Democracia, promovido pelo Ministério da Cultura em parceria com o Centro de Estudos Latino-Americanos da Universidade de Maryland (EUA), sob o patrocínio do Banco Interamericano de Desenvolvimento.

3. R. BARBOSA, *A imprensa e o dever da verdade* (Bahia, 1920), São Paulo, Edusp; Com-arte, 1990, p. 75.

4. R. SENNETT, *O declínio do homem público — As tiranias da intimidade*, São Paulo, Companhia das Letras, 1988, p. 17.

5. M. S. CONTI, *Notícias do Planalto — A imprensa e Fernando Collor*, São Paulo, Companhia das Letras, 1999.

6. A. RIBEIRO, *Caso Escola Base — Os abusos da imprensa*, São Paulo, Ática, 1995.

7. G. GILDER, *A vida após a televisão*, São Paulo, Ediouro, 1996, p. 13.

8. K. POPPER, *Televisão — Um perigo para a democracia*, Lisboa, Gradiva Publicações, 1995, p. 30.

9. Em "EUA liberalizam normas para empresas de rádio e televisão", *O Estado de S. Paulo*, 1/6/2000.

10. C. SORIA (ed.), *Normas y conflictos*, nº 1, p. 12.

11. M. M. do NASCIMENTO, *Opinião pública e revolução*, São Paulo, Edusp; Nova Stella, 1989, p. 23.

12. R. DARNTON, *Boemia literária e revolução — O submundo das letras no Antigo Regime*, São Paulo, Companhia das Letras, 1987, p. 27.

13. M. M. do NASCIMENTO, op. cit., p. 60.

14. A. de TOCQUEVILLE, *A democracia na América*, São Paulo, Martins Fontes, 1998, p. 298.

15. W. LIPPMANN, *Public opinion*, Nova York, Free Press Paperbacks (Simon and Schuster), 1997, p. 18.

16. J. HABERMAS, *Mudança estrutural da esfera pública*, Rio de Janeiro, Tempo Brasileiro, 1984, p. 283.

17. Idem, *Teoría de la acción comunicativa*, Madri, Taurus, 1987; *Between facts and norms*, Cambridge, MIT Press, 1996, e "L'espace public, 30 ans après", *Quaderni*, Paris, nº 18, 1992, pp. 173 e 184.

18. R. BARBOSA, op. cit., p. 37.

19. T. ADORNO e M. HORKHEIMER, *A dialética do esclarecimento* (Amsterdam, Querido, 1947), Rio de Janeiro, Jorge Zahar, 1985, p. 114.

20. Idem, ibidem, p. 131.

21. Idem, ibidem, p. 123.

22. Idem, ibidem, p. 128.

23. Idem, ibidem, p. 148.

24. P. BOURDIEU, *Sobre a televisão*, Rio de Janeiro, Jorge Zahar, 1997, p. 31.

25. S. HALIMI, *Os novos cães de guarda*, Petrópolis, Vozes, 1998, col. Zero à Esquerda.

5. O ESPETÁCULO NÃO PODE PARAR (pp. 188-201)

1. A. TOURAINE, "Comunicación política y crisis de la representatividad, em *El nuevo espacio publico* (coletânea), 2ª reimp., Barcelona, Editorial Gedisa, 1998, p. 55.

2. N. G. CANCLINI, *Consumidores e cidadãos — Conflitos multiculturais da globalização*, Rio de Janeiro, Ed. da UFRJ, 1995, p. 30.

3. B. MIÈGE, "Espaço público: perpetuado, ampliado e fragmentado", revista *Novos Olhares*, São Paulo, Escola de Comunicações e Artes da Universidade de São Paulo, nº 3, primeiro semestre 1999, pp. 4-11.

4. G. DEBORD, *A sociedade do espetáculo*, Rio de Janeiro, Contraponto, 1997, p. 14.

5. Idem, ibidem, p. 25.

CONCLUSÃO — PROPOSTAS QUE NÃO SÃO CONSELHOS (pp. 203-11)

1. Jay BLACK, Bob STEELE e Raalph BARNEY, *Doing ethics in journalism — A handbook with case studies*, The Sigma Delta Chi Foundation e The Society of Professional Journalists, impresso por EBSCO Media, Birmingham, AL, EUA, 1993, p. 8.

2. Luiz GARCIA (org. e ed.), *O Globo: manual de redação e estilo*, 20ª ed., São Paulo, Globo, 1994, pp. 111-2.

APÊNDICE — ALGUNS EXEMPLOS DE CÓDIGOS DE ÉTICA (pp. 213-31)

1. Conforme tradução publicada em apêndice em *A ética no jornalismo*, de Philip MEYER, Rio de Janeiro, Forense Universitária, 1989.

ÍNDICE REMISSIVO

1ª EDIÇÃO [2000] 1 reimpressão

ESTA OBRA, COMPOSTA PELO GRUPO DE CRIAÇÃO EM TIMES, TEVE SEUS FILMES GERADOS PELO BUREAU 34 E FOI IMPRESSA PELA DONNELLEY COCHRANE GRÁFICA EDITORA DO BRASIL EM OFF-SET SOBRE PAPEL PÓLEN SOFT DA COMPANHIA SUZANO PARA A EDITORA SCHWARCZ EM MARÇO DE 2002